Friesike · Sprondel | Träge Transformation

[Was bedeutet das alles?]

Sascha Friesike
Johanna Sprondel

Träge Transformation

Welche Denkfehler den digitalen Wandel blockieren

Reclam

RECLAMS UNIVERSAL-BIBLIOTHEK Nr. 14188
2022 Philipp Reclam jun. Verlag GmbH,
Siemensstraße 32, 71254 Ditzingen
Gestaltung: Cornelia Feyll, Friedrich Forssman
Druck und Bindung: Eberl & Koesel GmbH & Co. KG,
Am Buchweg 1, 87452 Altusried-Krugzell
Printed in Germany 2022

ISBN 978-3-15-014188-5

Auch als E-Book erhältlich

www.reclam.de

Inhalt

Stets bemüht

In so gut wie allen Branchen drohen wir in Deutschland in Fragen der Digitalisierung bzw. der digitalen Transformation den Anschluss zu verlieren oder haben ihn bereits verloren. Im Ausland finden sich genügend Beispiele dafür, wie man es besser machen könnte, und wer nach Deutschland zieht, den überkommt eine gewisse Ratlosigkeit: Behörden und Unternehmen schicken einem Briefe, damit man in ein Formular händisch seine IBAN einträgt und das Formular dann als Brief zurücksendet. Man trifft auf Schulen, die mit einem so anfälligen Online-Lehre-Videokonferenz-Tool ausgestattet worden sind, dass die Schulung für eben dieses Tool nicht im Tool selbst stattfinden kann. Dafür ist es zu instabil. Das Land der Dichter und Denker, das sich selbst gerne für seinen Erfindungsreichtum lobt, scheint es geschafft zu haben, sich selbst systematisch auszubremsen. Statt nun pragmatisch zu versuchen, möglichst schnell möglichst viel Boden wieder gutzumachen, verrennt man sich aber- und abermals in Visionen und Großprojekten.

Und das, was dringend erledigt werden sollte, wird nicht angegangen. Ein Beispiel: In der Anlage zum bis heute unter Verschluss liegenden Protokoll der 21. Kabinettssitzung aus dem Jahr 1985 heißt es:

> Die Deutsche Bundespost wird ihr Fernmeldenetz insbesondere für Individualkommunikation im Rahmen ihrer finanziellen Möglichkeiten zügig ausbauen. Sobald die technischen Voraussetzungen vorliegen, wird sie aufgrund eines langfristigen Investitions- und Finanzierungsplanes den zügigen Aufbau eines integrierten Breitbandglasfaserfernmeldenetzes vornehmen.[1]

Fast vier Jahrzehnte später attestiert der *Digital Riser Report 2021* Deutschland, dass es in Bezug auf digitale Wettbewerbsfähigkeit in Europa nur noch von Albanien unterboten wird.

Und das, obwohl in der Zwischenzeit viel passiert ist: Vieles kann den Deutschen vorgeworfen werden, nicht jedoch, dass sie die Digitalisierung verschlafen hätten. Denn dafür war man viel zu beschäftigt, etwa mit dem Onlinezugangsgesetz (OZG), das dafür sorgen sollte, dass Deutschland die »bürgerfreundlichste Verwaltung Europas« bekommt. Man hatte außerdem ein Ministerium umbenannt, um die digitale Infrastruktur fest auf höchster politischer Ebene zu verankern. Das Grundgesetz wurde für einen milliardenschweren Digitalpakt geändert. Kaum eine Organisation, die nicht irgendeine Art von digitalem Innovationslabor betreibt, einen Chief Digital Officer (CDO) eingestellt hat und eine eigene Digitalstrategie entwickeln ließ. Ein Digitalgipfel reiht sich an den nächsten, Institute werden gegründet, Think-Tanks eingerichtet, Joint Ventures und jede Menge »Leuchtturm-Projekte« aus der Taufe gehoben, die als Ausweis von Modernität und Progressivität gelten sollen. Was wurde und wird nicht alles angestoßen, um unserem Land bei der Digitalisierung jene Vormachtstellung zu erkämpfen, die man sich selbst so gern attestieren würde. Doch bleiben die erhofften Effekte weitgehend aus.

Seitdem der Mensch durch Technik Informationen schneller bewegen kann als sich selbst, werden im Zusammenhang mit dem Phänomen dieser »Informationsrevolution« fortwährend soziale Beziehungen sowie kulturelle, ökonomische und auch wissenschaftliche Herangehensweisen neu verhandelt. Aus dieser engen Wechselbeziehung zwischen der technischen Entwicklung auf der einen und ihrer sozialen Anwendungen auf der anderen Seite ergeben sich immer neue Herausforderungen, in denen Gesellschaften oder gesellschaftliche Teilsysteme sich irgendwie zurechtfinden müssen.

Dabei schreibt Technik nicht vor, wohin genau sich entwickelt werden muss. Zugleich kann keine Gesellschaft in Anbetracht der neuen Möglichkeiten einfach an etablierten Praktiken festhalten. Ständig muss neu ausgehandelt werden, was Technik leisten kann, was die Gesellschaft braucht und was die Bedingungen sind, unter denen man zusammenfindet. Im Kontext der »digitalen Revolution« hat dieser Prozess der Aushandlung, so scheint es, nur in Teilen stattgefunden, mit dem Ergebnis, dass Anspruch und Wirklichkeit weit auseinanderklaffen.

Um sich den Gründen für diese Differenz anzunähern, ist es sinnvoll, sich die Verzahnung von Lebenswelt – ursprünglich konzeptualisiert als Welt natürlicher, vorwissenschaftlicher Alltäglichkeit – und technischer Errungenschaften genauer anzuschauen. Denn weder ein isolierter Blick auf die Technik, noch ein solcher auf die Gesellschaft reichen uns, um das Gesamtgefüge zu verstehen. Schnell sehen wir uns mit der Frage konfrontiert, was der Wandel im Zuge der Digitalisierung bzw. der digitalen Transformation für das bedeutet, was unser Leben ausmacht.

Was ist passiert? Missverstehen wir diese Frage? Denn irgendwo muss etwas fatal schiefgegangen sein, wenn so viel Einsatz zu so wenig Ertrag führt. Da so viel unternommen wurde, müssen wir nicht darüber diskutieren, was unterlassen wurde, um das Ziel einer möglichst weitreichenden Digitalisierung umzusetzen. Es muss vielmehr hinterfragt werden, was wir angestellt haben, dass notwendige Prozesse der Digitalisierung verlangsamt, in die Irre geführt oder regelrecht blockiert wurden.

Damit sprechen wir ein Grundproblem an: Eine der wichtigsten Aufgaben für Wissenschaft und Technik besteht im 21. Jahrhundert darin, es zu ermöglichen, zweckrational zu handeln. Die Ergebnisse solchen zweckrationalen Handelns beeinflussen wiederum die Strukturierung der Lebenswelt – also von dem, was uns in allen Lebensbereichen umgibt. Denn die Lebenswelt verhält sich nicht neutral zur Digitalisierung. Wir leben vielmehr in einem komplexen, soziotechnischen System, das durch starke Wechselbeziehungen geprägt ist. Technik ordnet einen bestimmten gesellschaftlichen Wandel nicht an – auch wenn Start-ups das gerne glauben (machen) wollen. Doch kann die Gesellschaft auch nicht einfach eine neue Technik wie ein Modeaccessoire bestellen, in der Erwartung, dass damit ihre ureigensten Probleme erledigt seien – auch wenn Politiker das gerne glauben (machen) wollen. Denn jeder, der eine neue Form von Technik in einer Gruppe Menschen oder sogar einer ganzen Gesellschaft zu etablieren versucht, bekommt nur selten genau die Ergebnisse, die er vorher erwartet hat. Mit Sicherheit aber werden sich unerwartete Begleiterscheinungen einstellen.

Führen wir uns die aktuelle Gemengelage vor Augen, so macht weniger die Digitalisierung als solche, sondern vielmehr die digitale Transformation das Problem aus, an dem wir so eindrucksvoll scheitern.

Denn die Digitalisierung funktioniert letztlich recht gut. Doch was hilft es mir, wenn ich zwar mit einer Behörde auf digitalem Wege einen Termin vereinbaren kann, alle Formulare aber trotzdem ausdrucken, per Hand ausfüllen und dann wieder einscannen und per Mail versenden, sie zur Post bringen oder gar persönlich einreichen muss? Ist Schülern mit einem »Smartboard« wirklich gedient, von dem sie dann das digitale Tafelbild doch wieder abschreiben müssen? Und was habe ich als Kunde davon, dass meine Anfragen von einem Mitarbeiter in seinem Büro aus einer Hängematte heraus statt von einem Schreibtisch aus bearbeitet werden?

Was ist Digitalisierung also genau? Und inwiefern unterscheidet sie sich von digitaler Transformation? Digitalisierung ist zunächst einmal die Übersetzung von Analogem in Digitales – nicht mehr, aber auch nicht weniger: Texte werden eingescannt und damit von einem Blatt Papier in ein PDF übertragen, von flächig ausgewalztem und mit Tinte oder Toner bedrucktem Faserstoff in Reihen aus Nullen und Einsen überführt. Musik wird in die akustisch relevanten Teile zerlegt und z. B. in einer MP3-Datei wieder zusammengefügt. Landkarten werden eingelesen und in ein Gerät mit GPS-Empfänger übertragen.

Bei der Digitalisierung verändert sich die Form, in der etwas dargereicht wird, dank der Verwendung eines anderen »Aufschreibesystems«, wie der Medientheoretiker Friedrich Kittler es nannte. Es verändert sich jedoch nicht das Ding als solches: Eine eingescannte Steuererklärung wird durch ein neues Aufschreibesystem nicht zu einem Shakespeare-Drama, die Aufnahme der Blockflötengruppe Dellstedt nicht zu einem Charterfolg, ebenso wenig wie die Landschaft, durch die ich fahre aus dem Grunde schöner und die Straße besser wird, weil mir eine Landkarte nun digital vorliegt. Digitalisierung macht einiges für einige einfacher zugänglich, sie verändert aber die Sache als solche nicht zu etwas Anderem oder macht sie zu etwas Besserem oder gar »Bürgerfreundlichem«.

Das kann Digitalisierung auch gar nicht leisten. Denn das Ziel der Digitalisierung besteht darin, etwas zu übersetzen. Das, was übersetzt wird, wird im ursprünglichen Zustand bereits als ›ideal‹ verstanden, ist jedoch in seiner bisherigen Form der Darreichung ›unpraktisch‹ und wird deshalb digitalisiert: »This Must Be The Place« von den Talking Heads ist bereits ein guter Song, als auf Vinyl gepresste Datenmenge aber nicht sehr handlich und unterwegs auf unseren Smartphones nicht verfügbar. Dank der Digitalisierung tragen wir Musik nun sozusagen schränkeweise in der Hosentasche herum. Und wir brauchen auch keinen Beifahrer mehr, der mit der patentierten Falttechnik von gedruckten Landkarten kämpft.

Transformiert indes wurde hier, wenn überhaupt, nur unsere Handhabung der Daten. Die digitale Transformation meint jedoch mehr – und sie setzt bei einem sehr konkreten Sachverhalt oder Problem an, bei dessen Bewältigung eine digitale Technologie helfen kann. Gelungene Transformation ist also kein Selbstzweck nach dem Motto: »Ist jetzt alles so schön bunt hier!«, sondern das Ergebnis eines ›Aushandlungsprozesses‹, durch den digitale Technologien im Rahmen ihrer Möglichkeiten genutzt oder erweitert werden, um konkrete Bedürfnisse zu erfüllen. Als ›Aushandlungsprozess‹ oder ›Aushandlung‹ verstehen wir einen kommunikativen, iterativen und letzthin integrativen Prozess. Die Natur dieser Prozesse kennen alle, die einmal das Weihnachtsessen für eine Großfamilie geplant haben. Digitale Technologien wären in diesem Bild der Supermarkt, der die Rohstoffe zur Verfügung stellt. Die Bedingungen des Essens, Gerichte, Menüfolge, Tischdekoration, Sitzordnung und viele andere Aspekte müssen indes in Absprache mit den Teilnehmenden unter Berücksichtigung ihrer Bedürfnisse, Geschmäcker und Vorlieben ausgehandelt werden.

Transformationsprozesse sind Prozesse, in denen der Gegenstand selbst verändert wird. Dieser Prozess ist dann gescheitert, wenn trotz seiner Überführung in ein digitales Format der Gegenstand noch immer an seine alten Grenzen stößt. Transformation meint also nicht die möglichst exakte Übertragung von einem analogen Produkt in ein digitales. Es geht vielmehr darum, ein neues Produkt zu schaffen oder ein vorhandenes Produkt auf ein neues Level seiner Existenz zu heben.

Nehmen wir die erwähnte Landkarte, um das zu illustrieren. Inzwischen können wir in Echtzeit erkennen, ob wir in Kürze in einen Stau geraten werden, wo im näheren Umkreis das Benzin am günstigsten ist oder welche Autobahnraststätte am wenigsten schlecht bewertet wurde. Alle diese Funktionen konnten erst auf Basis einer digitalen Karte entwickelt werden.

Es sind zugleich Funktionen, die wir heute nicht mehr missen wollen. Die auf Papier gedruckte Landkarte wurde also nicht nur digitalisiert, sondern durchlief den Prozess einer digitalen Transformation und wurde zu etwas grundlegend anderem.

Das abstrakte Konzept »digitale Transformation« hat es geschafft, zu einer Art gesellschaftlichem Sehnsuchtsort unserer Zeit zu werden. Eine gelungene Transformation wird oft sogar mit der eigenen Zukunftsfähigkeit gleichgesetzt: Unternehmen, Behörden oder auch nur Abläufe, die transformiert wurden, haben in der Wahrnehmung vieler den Schritt ins Morgen geschafft.

Unglücklicherweise wird Digitalisierung oft mit Transformation verwechselt. Und schlimmer noch: Die Sehnsucht nach digitaler Transformation tritt gerne zusammen mit einem grundsätzlichen Unverständnis darüber auf, wie solch ein Transformationsprozess sinnvoll ablaufen sollte.

Das ist nachvollziehbar und liegt an der Sache selbst. Denn während die Digitalisierung ein eindeutiges digitales Abbild präsentiert, bei dem jede und jeder sich von seiner Qualität dadurch überzeugen kann, dass man das Ergebnis direkt mit dem Original vergleicht, charakterisiert die digitale Transformation eine grundsätzliche Ergebnisoffenheit. Nirgends wird genau vorgegeben, wie eine Veränderung, die auf einem digitalen Unterbau basiert, für eine spezifische Funktion genau aussehen sollte. Denn dieses Ergebnis kann wie gesagt nur das Resultat eines anspruchsvollen Aushandlungsprozesses sein.

Und genau diese Ergebnisoffenheit und die mit ihr einhergehende Unklarheit darüber, wohin eine digitale Transformation konkret führen soll, ist Quelle für eine ganze Reihe von Missverständnissen. Ständig begegnet man Investitionen in irgendwelche digitalen Artefakte, Projekte, die »irgendwas mit KI« entwickeln wollen, Innovationslaboren in angesagten Berliner Hinterhöfen oder Versuchen der Politik, das eigene Unverständnis dadurch zu kaschieren, dass man große Beratungshäuser engagiert. Andernorts wird die digitale Transformation zur »Chefsache« erklärt und ein CDO (Chief Digital Officer) angestellt, um »agile« Start-up-Nähe in die alteingefahrene Organisation zu tragen, indem man ein iPad verwendet und die Vokabeln der Zukunft abspult. In Kombination mit ungünstigen Rahmenbedingungen hat sich ein toxisches Gemisch ergeben, das die Transformation lähmt. Und aus dieser Lage scheinen wir uns, trotz großer Mühe, kaum befreien zu können.

Drei Punkte sind in diesem Zusammenhang besonders wichtig:

1. Jeder, der ein soziotechnisches System verändern will, braucht Expertise sowohl darüber, was genau das technische Problem ist, als auch darüber, wie genau der soziale Kontext aussieht, in dem eben dieses Problem angegangen werden soll. Oft werden solche Projekte jedoch von Menschen geleitet, denen eben diese Kompetenzkombination fehlt, die dafür aber beispielsweise das richtige Parteibuch besitzen. Wem es an Erfahrung und Expertise fehlt, dem wird schnell ein X für ein U vorgemacht und dem bleibt im Zweifel keine andere Wahl, als für viel Geld das X zu kaufen – also jene Lösung, die technisch gesehen unzureichend ist oder am Kern des Problems vorbeigeht. Am Markt zeigt sich dann schnell, dass es sich gar nicht lohnt, das funktionierende U anzubieten, weil ja doch immer wieder das günstigere X gekauft wird. Und so verödet der Markt: Es wird mit Zitronen gehandelt (es entsteht ein »market for lemons«).
2. Gerne begegnet man in diesem Kontext der typisch deutschen Tendenz, Prozesse und Entscheidungen durch Ausschüsse und Komitees zu steuern. Was in der Theorie eine faire Beteiligung aller Interessengruppen sicherstellen soll,

nachvollziehbar wirkt und ›demokratisch‹ klingt, entpuppt sich in der Praxis nicht selten als Spießrutenlauf durch Partikularinteressen, die mit dem eigentlichen Problem gar nichts zu tun haben. Der damit verbundene Aufwand geht mit gravierenden Opportunitätskosten einher, also jenen Kosten, die dadurch entstehen, dass man keine Zeit dafür findet, sich um die eigentliche Fragestellung zu kümmern. Für den zeitaufwendigen Aushandlungsprozess, der für eine gelungene digitale Transformation nötig ist, mangelt es dem Ausschuss und dem Komitee am Ende an Zeit.

3. Im öffentlichen Sektor herrschen die strengen Vorgaben des Vergaberechts: Der Versuch, ein einfaches branchentypisches Softwaretool zu bestellen, unterscheidet sich im Prozess wenig von der Bestellung eines Satelliten. Eine pragmatische Lösung wird selten gefunden, denn diese würde verlangen, mutig und jenseits der ausgetretenen Pfade Entscheidungen zu treffen und Eigeninitiative aufzubringen. Das Ganze verzögert sich nicht selten so lange, bis die zum Zeitpunkt der Auftragserteilung drängende Problemlage nicht mehr aktuell ist. Kommt es doch zu einem Abschluss, werden oft die kostengünstigsten Lösungen gewählt, auch wenn diese Defizite im Bereich der Kompatibilität mit bereits bestehenden Strukturen oder Mängel in der späteren Wartung und Betreuung aufweisen, sollte das Produkt tatsächlich einmal eingesetzt werden. Aber die Lösung scheint in dem Moment dem Kriterium der »Wirtschaftlichkeit« zu genügen – eben weil (siehe 1.) die nötige Expertise fehlt.

Bürgerinnen und Bürger bekommen dank dieser Faktoren allzu oft Transformationsversuche präsentiert, die erschreckend blass bleiben oder direkt wieder zurückgenommen werden. Es verwundert kaum, dass das, was man als »digitales Mindset« bzw. spezifisch digitale Denkweise bezeichnen könnte, leidet.

Solchen Schaden richtete etwa die E-Akte (eine vollelektronische Akte, die die Verwaltung deutlich erleichtern sollte) an, mit der man jetzt dank eines international nicht kompatiblen Systems zu einer abgeschotteten Insel *im* statt zu einer *des* Digitalen geworden ist.

Der Hauptfehler bei allen diesen Beispielen liegt darin, nicht in ausreichender Form in einen Aushandlungsprozess eingetreten zu sein, der zu einer nachhaltigen und für alle befriedigenden Lösung hätte führen können. Denn da letztlich die Qualität der Aushandlung über den Erfolg eines Transformationsprozesses entscheidet, ist die kritische Auseinandersetzung mit der Ausgangssituation notwendige Bedingung für ein Gelingen des Prozesses.

Oft ist ein weiteres Phänomen zu beobachten: Vermeintliche Lösungen werden durch eine Uminterpretation der Verhältnisse herbeigeführt, bei der zwar das Ergebnis zufriedenstellend wirkt, das eigentliche Problem jedoch nach wie vor ungelöst im Raum steht. Ein Paradebeispiel für solche Lösungen bietet der Film *Asterix erobert Rom*. Asterix steht vor der anscheinend unlösbaren Aufgabe, in einem Verwaltungstempel einen Passierschein zu bekommen. Seine Lösung ist einfach: Er erfindet einen anderen Passierschein, um in dem »Haus, das Verrückte macht«, an den Passierschein A 38 zu kommen, nämlich den »Passierschein A 39, wie er im neuen Rundschreiben B 65 festgelegt ist«, der allein es von nun an ermöglicht, an den eigentlichen Passierschein A 38 zu gelangen. Das Problem, an den Passierschein zu kommen, wurde im Einzelfall gelöst, indem das System mit seinen eigenen Waffen geschlagen wurde. Gebracht hat dies aber herzlich wenig: Die »agile« Lösung der Gallier adressiert nur ein akutes Problem und nicht das systemische Versagen, das dem Problem zu Grunde liegt. Der Nächste wird wieder an der Aufgabe scheitern. Eine nachhaltige Lösung wurde nicht gefunden.

Digitale Transformation besteht also weder in der bloßen Übersetzung von Analogem in Digitales, noch handelt es sich um einen Prozess, dessen Gelingen man erzwingen kann, indem man irgendwelche Werkzeuge oder Wissen einkauft oder listige, kurzfristige Lösungen für Einzelprobleme entwickelt. Digitale Transformation ist vielmehr ein zusammenhängender, kollaborativer Prozess, der ein Verständnis aller Beteiligten von den relevanten Mechanismen, Praktiken, Problemen und Chancen verlangt. Am wichtigsten bleibt es jedoch, zu überlegen, was konkret verändert und erreicht werden soll – morgen, im nächsten Schritt, und nach Möglichkeit in zehn Jahren. Denn (digitale) Transformation ist ein kontinuierlicher Prozess, der nicht dann abrupt endet, wenn man einen neuen Dienst eingeführt hat.

Schaut man sich solche Prozesse in der Praxis näher an, begegnen einem regelmäßig bestimmte Merkwürdigkeiten, und zwar sowohl in Bezug auf das Verständnis als auch die Durchführung der Transformationsprozesse.

Die folgenden acht kurzen Essays beleuchten diese Missverständnisse im Feld der digitalen Transformation (die Überschrift eines jeden Abschnittes nennt das Missverständnis). Zuerst ist dies der Wunsch, den digitalen Wandel durch eine möglichst weitreichende Vision anzustoßen, die gerne so entkoppelt von der Gegenwart entworfen wird, dass sie die tatsächliche Arbeit am Transformationsprozess demotiviert. Dann ist da eine ausgeprägte Technikhörigkeit, die davon ausgeht, dass moderne Technologien so potent sind, dass ihre bloße Anwesenheit bereits zu Lösungen führt.

Ein weiteres Missverständnis ist die wahrgenommene Beschleunigung in allen Lebensbereichen, die übertragen auf Transformationsprozesse zu ›Schnellschüssen‹ führt. Daran schließt sich die Annahme an, dass die eigene Innovationsfähigkeit allein dadurch ausgereizt werden kann, dass man sich immer intensiver vernetzt und dass nur das, was neu ist, auch gut ist.

Zwei weitere Missverständnisse bestehen in falschen Annahmen, dass nämlich ein Mehr an Transparenz automatisch dafür sorgt, dass Informationen sichtbarer werden und man um jeden Preis von Start-ups lernen muss. »Disruption«, eines der Mode- bzw. Buzzwörter der Digitalisierung, wird gerne falsch verstanden und dann überall gefürchtet. Apropos falsch: Nicht minder missverstanden ist die »neue Fehlerkultur«, die im Rahmen digitaler Transformationsprozesse immer wieder gefordert wird.

Wie blockieren diese Missverständnisse gut gemeinte Transformationsprozesse? Wie sorgen sie dafür, dass die Prozesse zu völlig anderen Ergebnissen führen als eigentlich beabsichtigt war? Ziel ist es, über diese kurzen Betrachtungen der inhaltlichen Entkernung der Begriffe »Digitalisierung« und »digitale Transformation« entgegenzuwirken und sie wieder mit Leben zu füllen.

»Am Anfang steht die Vision«

Wer schon mal an einer Führungskräftetagung unter dem Motto »digitale Transformation« teilgenommen hat, ist möglicherweise über eine Kreativitätsmethode gestolpert, die man »Moonshot Thinking« nennt. Moonshot Thinking verdankt seinen Namen dem US-amerikanischen Apollo-Programm, dem in wenigen Jahren das Unglaubliche gelungen ist, einen Menschen auf dem Mond abzusetzen und heil wieder auf die Erde zurückzubringen

Entsprechend mutig und innovationsfreudig soll die Methode das Denken in inkrementellen (also schrittweisen) Verbesserungen aufbrechen und dazu animieren, große Visionen zu ersinnen. Es geht um die radikale Abkehr vom Tagesgeschäft, wenn man so mag. Wie würde unsere Organisation aussehen, wenn die digitale Transformation keine zehnprozentige Verbesserung bedeuten würde, sondern wir uns absolut gesehen um den Faktor zehn verbessern könnten? Mit diesem Arbeitsauftrag machen sich gestandene Managerinnen und Manager dann ans Werk und entwickeln – üblicherweise unter hohem Zeitdruck – bunte Poster, die die Organisation von Morgen zumindest in Grundzügen skizzieren sollen.

Der Vorteil der Methode besteht darin, dass die Tätigkeit sehr kurzweilig ist und es keine falsche Lösung gibt, ja: dass es gar keine falsche Lösung geben kann. Wer darüber nachdenkt, wie eine Organisation aussehen könnte, die wenig mit der heutigen Organisation zu tun hat, genießt einen so hohen Grad an Freiheit, dass festgehalten werden kann, was immer man will. Sind die Ergebnisse besonders abwegig, so wird von der Moderation darauf hingewiesen, dass dies gar nicht schlimm sei, sondern dass es ganz im Gegenteil eben einer neuen Fehlerkultur bedürfe, die endlich auch einmal unorthodoxe Ideen fördere.

Die Methode entwickelt meist eine verblüffende Eigendynamik, die den Teilnehmenden selbst nicht immer ersichtlich ist. Ist man indes Zaungast bei mehreren solcher Führungskräftetagungen von ganz unterschiedlichen Organisationen, so fällt auf, dass sich die entwickelten Moonshots erstaunlich ähnlich sind. Vor ein paar Jahren, als »Big Data« das Schlagwort der Stunde war, sahen die Moonshots gerne vor, dass man sich von der heutigen Organisationsform lösen müsse, um sich hin zu einem »Data Analytics Provider« zu wandeln, der dann die Datengrundlage für eine ganze Branche legen könnte.

Als die »Plattformisierung« zum Mode- bzw. Buzzword avancierte, zeigten die Ergebnisse der Moonshot-Poster zweiseitige Märkte. Geschäftsmodelle also, bei denen Anbieter mit Kunden vernetzt werden. Airbnb, Uber oder YouTube lieferten hierfür erfolgreiche Beispiele, die dann auf jede erdenkliche Branche übertragen wurden.

Im Zuge der aktuellen Renaissance der künstlichen Intelligenz steht nun natürlich ebendiese Technologie im Zentrum zukünftiger Geschäftsmodelle, die aus der Moonshot-Methode keimen.

Dabei wird die Moonshot-Methode typischerweise verwendet, um die zukünftige Entwicklung einer bestehenden Organisation auszuloten, doch beziehen sich die Ergebnisse fast nie auf die heutige Organisation – höchstens noch auf die Branche allgemein.

Die Managementforschung hat sich in den letzten Jahrzehnten viele Gedanken über Ressourcen gemacht – über materielle Ressourcen, wie den Zugang zu Rohstoffen, aber auch immaterielle Ressourcen, wie Wissen oder Fähigkeiten. Ein Verständnis von Organisationen, das besonders populär ist, versteht Organisationen als Einheiten, die die Ressourcen, die ihnen zur Verfügung stehen, besser einsetzen können als andere.

Dabei ist unumstritten, dass Organisationen ständigen Veränderungen unterworfen sind und dass gerade die Fähigkeit, Ressourcen dynamisch zu rekonfigurieren, sie wettbewerbsfähig macht. Eine gesunde Organisation arbeitet also in einem Jahr anders, als sie das heute tut. Sie reagiert auf Veränderungen oder ist selber Antriebsfeder für Veränderungen. Dieses Verständnis setzt voraus, dass Ressourcen und deren Nutzung kontinuierlich angepasst werden. Oder anders ausgedrückt: Bestimmte Praktiken müssen aktiv ›verlernt‹ werden, um sie aus der Organisation zu verdrängen, andere Fähigkeiten müssen erst noch entwickelt werden. Diese Prozesse laufen in einer ›gesunden‹ Organisation kontinuierlich ab, im Kleinen, wenn spezielle Abläufe verbessert oder von Grund auf neu aufgesetzt werden, und im Großen, wenn strategische Entscheidungen eine ganze Organisation neu ausrichten sollen.

Ergebnisse der Moonshot-Methode, die suggerieren, Vorschläge für eine digital transformierte Organisation zu bieten, haben indes in aller Regel nichts mit den realen Ressourcen zu tun, die eine Organisation heute ausmachen.

Das wirft zwei Fragen auf:

1. Wie soll ein Prozess aussehen, der alle heutigen Ressourcen abschneidet und vollkommen neue aufbaut?
2. Warum sollte ausgerechnet die Organisation selbst dazu in der Lage sein, diese Schritte sinnvoll allein aus sich selbst heraus zu entwickeln? Wäre es nicht viel leichter, die in der Methode skizzierte Organisation vollkommen neu aufzubauen, beispielsweise als Start-up?

Doch zeichnet einen Moonshot noch eine andere Eigenschaft aus. Die visionäre Idee hat eine Strahlkraft, einen »Halo-Effect«, der von den realen, heutigen Problemen ablenken kann. Wer möchte sich schon mit der Banalität des Alltags auseinandersetzen, wenn man sich auch in eine Vision flüchten kann?

Dieser Nebeneffekt eines Moonshots wird deutlich an einem Interview, das die damalige »Beauftragte der Bundesregierung für Digitalisierung« Dorothee »Doro« Bär der ZDF-Moderatorin Marietta Slomka gab. Auf die Frage, wann man in Deutschland denn endlich dem lang angekündigten Breitbandausbau nachkommen würde (zu dem Zeitpunkt waren in Litauen 71 Prozent aller Breitbandanschlüsse aus Glasfaser, während es in Deutschland 2,3 Prozent waren), lautete Bärs inzwischen legendäre Antwort:

> Digitalisierung ist doch nicht nur der Breitbandausbau [...]. Mein Thema ist nicht: Funktioniert jetzt hier die Straße? [...] Aber das Thema muss doch sein: Kann ich auf dieser Infrastruktur, die wir haben, dann auch autonom fahren? Habe ich die Möglichkeit auch zum Beispiel mit einem Flugtaxi durch die Gegend zu können?

Die breite Verfügbarkeit von Flugtaxis ist ein typischer Moonshot. Jeder, der das Interview sieht, kann nicht anders, als sich auszumalen, wie hinreißend es wäre, in ein Flugtaxi zu steigen. Sofort vergibt man der CSU, dass man nie in den Münchner Hauptbahnhof »einsteigen« konnte, um dort in zehn Minuten einen Flug zu starten, wie Edmund Stoiber es in einem früheren Moonshot doch versprochen hatte. Das Bild eines Flugtaxis entschädigt für alles. Und während man sein zukünftiges Selbst in einem Flugtaxi sieht, hat man schon vergessen, dass es in dem Interview eigentlich um etwas ganz anderes ging, um etwas viel Dringenderes, aber eben auch dem Anschein nach viel Banaleres: um den mangelhaften Glasfaserausbau in Deutschland, der im wahrsten Sinne des Wortes die Grundlage ausmacht, auf der eine digitale Transformation überhaupt erst stattfinden kann.

Konstruktive Utopien können Anstöße geben, gewachsene

Strukturen in Frage zu stellen. Das kann helfen, die Trägheit des Alltagsgeschäfts zu überwinden, und genau darin besteht die eigentliche Motivation hinter der Moonshot-Methode. Wenn die entwickelte Vision jedoch vollkommen entkoppelt dasteht und es keine sinnvollen Verbindungslinien vom Hier und Jetzt zum utopischen Übermorgen gibt, dann ist die Vision bestenfalls wertlos und schlimmstenfalls kontraproduktiv. Kontraproduktiv, weil sie ablenkt von den heutigen Problemen, die immer noch nicht angegangen wurden und damit die Wettbewerbsfähigkeit in einer viel näheren Zukunft gefährden.

Ganz offensichtlich hat das, was man heute als Moonshot-Methode versteht, also nur wenig mit dem Apollo-Programm zu tun: Weder steht eine weltpolitische Führungsposition auf dem Spiel – wir haben eingangs gesehen, dass diese inzwischen in weite Ferne gerückt ist – noch, und das ist dramatischer, sind wesentliche Grundlagen für einen Moonshot bereits vorhanden.

Beides war der Fall, als John F. Kennedy am 25. Mai 1961 ankündigte, dass bis zum Ende des Jahrzehnts ein Amerikaner auf dem Mond wandeln werde. Am 12. April 1961 war Juri Gagarin als erster Mensch ins Weltall geflogen und hatte in der Vostok die Erde einmal orbital umrundet – während die NASA noch den ersten suborbitalen Flug plante.

Nach dem »Sputnikschock« des Jahres 1957 war es der damaligen Sowjetunion erneut geglückt, ihre Vorherrschaft in der Raumfahrt zu beweisen. Zugleich hatte die Sowjetunion auch gezeigt, dass man die Atmosphäre der Erde verlassen und lebendig wieder zur Erde zurückkehren konnte. Gagarins Flug, ein sehr konkretes Ereignis also, aus dem sich sowohl eine Bedrohung als auch Erkenntnisse ergaben, war es dann auch, was den Anlass dafür gab, dass Kennedy seinen Vizepräsidenten Lyndon B. Johnson umgehend damit beauftragte, bei der NASA Informationen über Möglichkeiten und Chancen einzuholen, wie man der damaligen Sowjetunion ihre Führungsposition im Weltall abjagen könnte. Konkret fragte Kennedy nach Möglichkeiten des »leapfrogging«, um die Sowjetunion einzuholen, quasi mit einem ›riesigen Bocksprung‹ die eigentlich in einem Entwicklungsprozess immer geduldig nacheinander zu nehmenden Stufen auszulassen bzw. zu überspringen. Erst als Kennedy die Bedingungen für solch einen Sprung eingehend geprüft hatte, und erst nachdem Alan Shepard am 5. Mai 1961 als zweiter Mensch ins Weltall geflogen war, wandte Kennedy sich an den Kongress. »Our eagerness to share its meaning is not governed by the efforts of others. We go into space because whatever mankind must undertake, free men must fully share.«[2] Raum, sich in Utopien zu verrennen, war in diesem (inflationsbereinigt) 283 Milliarden Dollar teuren Projekt nicht vorgesehen. Die *Recommendations for our National Space Program: Changes, Policies, Goals*, verfasst vom NASA-Administrator James E. Webb und dem damaligen US-Verteidigungsminister Robert McNamara, die Vizepräsident Johnson am 8. Mai 1961 vorgelegt wurden, enden mit den Sätzen:

> Finally, even if the Soviets get there first, as they may, and as some think they will, it is better for us to get there second than not at all. In any event, we will have mastered the technology. If we fail to accept this challenge it may be interpreted as a lack of national vigor and capacity to respond.[3]

Wenn man das wirklich zu verstehen sucht und idealerweise auch beherzigt, wäre auf manch einer Führungskräftetagung viel erreicht.

»Technologie ist die Lösung«

Man kann ›aufkommende Technologien‹ (*emerging technologies*) als »spekulative Räume« begreifen, die in ihren Konturen unscharf sind, wie dies beispielhaft der Spezialist für die Kommunikation von Wissenschaft und Technik Bruce Lewenstein zusammen mit Stephen Hilgartner von der Cornell University herausgearbeitet hat.[4] Eine Technologie macht ein Versprechen, das flexibel ist, und damit je nach Standpunkt anders interpretiert werden kann. Abhängig davon, mit welchen Bedarfen, Wünschen oder Sehnsüchten wir auf eine sich noch im Entwicklungsstadium befindliche Technologien blicken, projizieren wir etwas anderes in diesen spekulativen Raum hinein. Denn unser vordringlicher Anspruch an eine Technologie ist es grob gesprochen, dass sie unsere jeweils eigenen Probleme löst, die sich eben in unseren Bedarfen, Wünschen und Sehnsüchten niederschlagen.

Am Beispiel der »Blockchain« kann man gut nachvollziehen, was so einen spekulativen Raum ausmacht. Grob erklärt: Die Blockchain-Technologie speichert einkommende Daten in vielen teilnehmenden Knotenpunkten und stellt sie unveränderbar zur Verfügung. Sie schreibt diese Daten kontinuierlich wie in einer Kette weiter und ist damit ein Instrument, um dezentral Vertrauen zu schaffen.

Nun sind viele gesellschaftliche Teilbereiche darauf angewiesen, dass wir einander vertrauen. Wenn sich jemand bei uns bewirbt, dann vertrauen wir darauf, dass die beigelegten Zeugnisse echt sind. Wenn jemand etwas bezahlt, dann vertrauen wir darauf, dass nicht mit Falschgeld gezahlt wird. Wenn wir online etwas kaufen, dann vertrauen wir darauf, dass Produkt und Anbieter wirklich existieren. Und wenn wir Restaurant-Bewertungen lesen, dann vertrauen wir darauf, dass diese tatsächlich von Gästen stammen.

Vertrauen ist notwendig, damit wir als Gesellschaft zusammenleben können. Doch Vertrauen garantiert keine Sicherheit und kann und wird deswegen missbraucht werden. Jeder und jede kennt Situationen, in denen wir zu Unrecht vertraut haben und es später bereuten, so vertrauensselig gewesen zu sein. Eine Technologie, die mit dem Versprechen wirbt, Vertrauen dezentral herstellen zu können, spannt daher einen spekulativen Raum auf, in dem wir Lösungen für all die Probleme sehen wollen, die durch Misstrauen oder den Missbrauch von Vertrauen entstehen. Je nach Erfahrungen, Branchenzugehörigkeit oder Interessen blicken wir jedoch anders auf diesen spekulativen Raum und knüpfen somit andere Erwartungen an die Technologie.

Dieser spekulative Raum bläht sich dadurch auf, dass wir vielseitige Erwartungen äußern. Immer mehr Probleme sollen schon bald der Vergangenheit angehören, weil sie von nun an mit dieser Technologie gelöst werden könnten. Zu diesem Zeitpunkt in der Entwicklung einer *emerging technology* werden Konferenzen veranstaltet, Bücher geschrieben und jede Menge Vorträge gehalten, die das gewaltige Potential herausarbeiten, das inzwischen in der Technologie gesehen wird. So bahnt die Erwartung an die Technologie sich ihren Weg durch die Gesellschaft und erreicht im Laufe der Zeit auch die entferntesten Ecken. Der traditionelle Werkzeugmaschinenhersteller aus Süddeutschland ebenso wie der Konsumgüterproduzent von der Nordsee entscheidet sich in diesem Moment, dass auch er sich intensiver damit beschäftigen muss, und startet entsprechende Projekte, die »irgendwas mit Blockchain« machen sollen. Mit den konkreten Möglichkeiten, den technischen Gegebenheiten, setzt sich zu diesem Zeitpunkt indes kaum jemand auseinander.

In der Folge entfernen sich die spekulativen Räume immer weiter von der Kerntechnologie und werden zu einer Projektionsfläche für Bedürfnisse aller Art. Dabei wird zweierlei ausgeblendet, nämlich:

1. der eigentliche Kontext des Problems. Im Falle der Blockchain wäre das zum Beispiel die Frage, ob denn eine Dezentralität überhaupt notwendig oder sinnvoll ist, um Vertrauen herzustellen, und ob nicht zum Beispiel eine funktionierende, zentrale Datenbank ein gegebenes Problem viel einfacher lösen könnte.
2. die Tatsache, dass eine Technologie über ihre *eigentlichen* Möglichkeiten hinaus überschätzt wird.

Das wird deutlich, wenn man sich den Begriff der Möglichkeit genauer anschaut. Es besteht die logische Möglichkeit, dass etwas eintritt, was unter anderem der Scholastiker Thomas von Aquin als *possibilitas* fasste. Es ist zum Beispiel möglich, dass ein heute geborenes Kind als erwachsener Mensch einmal eine bahnbrechende Entdeckung in der Quantenphysik macht und den Nobelpreis gewinnt. Eine Reihe von Faktoren wird darauf Einfluss haben, und die wenigsten dieser Faktoren sind kontrollierbar. Doch ist es rein logisch gesehen möglich, dass solches passiert, und im Menschen ist es durchaus angelegt, dass Menschen bahnbrechende Entdeckungen machen *können*. Es *muss* aber nicht dazu kommen, denn die Chancen stehen, ehrlich gesagt – und die wenigsten Eltern werden das hören wollen – nicht sonderlich gut: Der Großteil der Menschen macht keine bahnbrechenden Entdeckungen, und jeder ist dennoch Mensch und wahrscheinlich nicht weniger glücklich, als wenn er große Entdeckungen gemacht hätte. Jedes heute geborene Kind wird jedoch mit Sicherheit wachsen, irgendwann lernen, zu laufen und zu reden … Darin besteht, wie Thomas es ausdrücken würde, seine objektiv vorhandene und in ihm angelegte Möglichkeit, die *potentia*. Diese Möglichkeit wird in jedem Fall Wirklichkeit, es sei denn, sie wird durch massive und widrige Umstände daran gehindert, Realität zu werden, wie zum Beispiel durch Krankheit, Unfall oder Tod.

Doch diese Entwicklungen werden sicher nicht dadurch vereitelt, dass für das Fach Physik fünf Wartesemester angekündigt werden und man dann doch eine Lehre zum Optiker macht. Das würde lediglich etwas an der *possibilitas* ändern, die ein Mensch hat, nicht aber an seiner *potentia*.

In der *potentia* der Blockchain ist es angelegt, dass Daten fälschungssicher und dezentral gespeichert werden können. Doch damit endet ihre Möglichkeit als *potentia* im Grunde auch schon. Diese *kann* dazu führen, dass wir Vertrauen zu Onlinehändlern haben. Den ganz prinzipiellen Wunsch nach Vertrauen kann sie indes nicht anders erfüllen als im Rahmen der bloßen Möglichkeit, also als *possibilitas* im Sinne des Thomas von Aquin: Eine Vielzahl von weiteren Faktoren muss zusammen umgesetzt werden, damit dieser Wunsch erfüllt werden kann. Und dazu kann eine Blockchain selbst nur bedingt und in Teilen und auch nur in sehr begrenzten Bereichen beitragen.

Im Ergebnis entsteht eine Situation, in der eine vollkommen überzeichnete Erwartung an eine Technologie Auslöser für unzählige wenig zielführende Projekte ist, in denen Mitarbeitende frustriert werden und riesige Mengen Geld verbrannt werden – oft mit dem verheerenden Effekt, dass der Glaube an die technische Weiterentwicklung dieser neuen Technologie generell Schaden nimmt.

Wir müssen uns jedoch klarmachen, dass dies im Umkehrschluss nicht bedeutet, dass der Fehler in der Technologie selbst zu suchen wäre. Es ist vielmehr der überzeichnete spekulative Raum, der zu einer Erwartungshaltung geführt hat, mit der die technische Entwicklung nicht Schritt halten kann, unabhängig davon, wie gut sie ist. Im Ergebnis führt dies in ein

»Tal der Enttäuschung«, das die Unternehmensberaterin Jackie Fenn als Teil des Hype-Zyklus beschrieben hat.[5]

Ein Beispiel: Im Frühjahr 2000 platzte die sogenannte Dotcom-Blase, als Ergebnis einer besonders spektakulären Differenz zwischen Erwartungshaltung gegenüber einer neuen Technologie und der Realität. Die Grundannahme, dass Internetunternehmen ganze Märkte revolutionieren würden, war nicht falsch. Das bedeutete aber nicht, dass der Besitz einer Garage und eines Zugangs zum Word Wide Web automatisch Erfolg garantiert. In der Folge verloren nicht nur viele Kleinanleger viel Geld, mussten Unternehmen Insolvenz anmelden, fielen Kurse unter den Buchwert, auch das Vertrauen von Anlegern und Investoren in die IT-Branche wurde nachhaltig gestört.

Spekulative Räume, die zu Projektionsflächen für Probleme aller Art werden, begegnen uns indes nicht nur in Bezug auf Technologien, sondern auch im Zusammenhang mit Arbeitsweisen, die man gerne als »digital transformiert« bezeichnet. So projizieren häufig Mitarbeitende in ihrer Frustration über starre und bürokratische Abläufe ihre Hoffnungen auf das Konzept der »Agilität«. Die Grundannahme lautet, dass man sehr viel mehr erreichen könnte, wenn Organisationen doch nur »agiler« wären und die Mitarbeitenden mehr Freiheiten eingeräumt bekämen, um aus dem engen Korsett von Vorgaben auszubrechen. Und ähnlich wie bei der Blockchain oder der Dotcom-Blase entbehrt diese Grundannahme nicht eines wahren Kerns. Doch entsteht auch hier ein spekulativer Raum, der das, was solch eine Methode tatsächlich zu leisten im Stande ist, völlig überzeichnet. Im Ergebnis führt dies ebenfalls zu einer Situation, in der Anspruch und Wirklichkeit nicht mehr zusammenpassen, und das oftmals auch wegen völliger Unkenntnis dessen, was Agilität alles impliziert. Werden dann tatsächlich agile Arbeitsweisen in eine solche Organisation eingeführt, so ist die Ernüchterung nicht selten groß. Die Proaktivität, die agile Methoden prägt, ist bei Mitarbeitern und Mitarbeiterinnen, die über viele Jahre quasi behördliche Abläufe gelernt und gelebt haben, gar nicht so ausgeprägt, wie vorher angenommen wurde: Agile Prozesse sind arbeitsintensiv und erfordern viel Mühe, ihre iterativen Vorgänge sind oft zeit- und energieaufwendig. Und schon wenige, die nicht mitziehen, reichen, um den Versuch, agile Methoden einzuführen und umzusetzen, scheitern zu lassen.

Ein weiterer Effekt der drastischen Überzeichnung der Möglichkeiten von Technologien durch spekulative Räume muss hier genannt werden, auch wenn er auf den ersten Blick spitzfindig klingen mag: Lösungen werden fatalerweise allzu oft nicht durch die Technologie, sondern in der Technologie gesucht. Werden Lösungen aber durch Technologie gesucht, so ist diese lediglich ein Werkzeug, das eingesetzt werden kann (oder auch nicht). Werden Lösungen dagegen in der Technologie gesucht, so wird die Technologie zum Selbstzweck. Die Softwareentwicklerin und Journalistin Meredith Broussard beschreibt in ihrem Buch *Artificial Unintelligence* das Phänomen, dass digitale Technologien reflexionsfrei auf soziale Probleme ›geworfen‹ werden, in der Hoffnung, auf diese Weise Probleme schnell lösen zu können.[6] Hier zeigt sich eine Abneigung gegenüber jeder Form von Analyse, denn das eigentliche Problem wird nie wirklich untersucht oder auch nur ansatzweise zu verstehen versucht.

Zum anderen führt der aufgeblasene spekulative Raum dazu, dass angenommen wird, es könne tatsächlich am Ende alles so funktionieren, wie man es sich gedacht hatte. Wenn an eine Technologie bereits unzählige Erwartungen geknüpft werden, kann eine weitere nicht schaden. Statt eine gegebene Technologie als Werkzeug zu verstehen, das – von geübten Händen angewendet, verstanden und im richtigen Kontext eingesetzt – helfen kann, eine Lösung für ein bestimmtes Problem zu finden, wird erwartet, dass sich allein durch die Präsenz der Technologie selbst eine Lösung materialisiert.

Ein Beispiel: Man wollte unsere Schulen durch die Anschaffung von digitalen Tafeln, sogenannten Smartboards, transformieren. Nur waren weder Lehrende in der Nutzung der Tafeln didaktisch geschult worden, noch adressierten die Tafeln ein konkretes Problem. Schlussendlich waren die Tafeln irgendwie lediglich da, wurden auf ähnliche Weise genutzt wie zuvor analoge Tafeln auch und verbesserten die ›Erfahrung Schule‹ weder für Lehrende noch für Schülerinnen und Schüler – abgesehen davon, dass nun nasse Kreidestücke und Schwämme nicht mehr als Wurfgeschosse bereitlagen. Broussard bezeichnet dieses Muster der digitalen Transformation, das für alles glaubt, eine digitale Lösung finden zu können, als »Technochauvinismus«. Typisch für diese Art von Chauvinismus ist es, dass allen Beteiligten, die keine Digitalisierungsexperten sind, jede Kompetenz und jede Fähigkeit zur Mitentscheidung abgesprochen wird, da sie in diesem Weltbild nichts zur digitalen Lösung ihrer Probleme beitragen können. Entsprechend wird die Phase der Analyse von Problemen und Bedürfnissen übergangen: Der erwähnte Prozess der Aushandlung, der Ausgangspunkt von jedem gelungenen Transformationsprozess ist, findet nicht statt.

Das führt zwangsweise dazu, dass das, was man unter dem Schlagwort »Digitale Teilhabe« versteht (etwa der Wunsch und die Möglichkeit, online zu sein, Anwendungen zu nutzen oder an Informationen und Austausch im World Wide Web teilhaben zu können), unter den Tisch fällt. Da immer mehr Lebensbereiche digitale Anwendungen erfordern (man denke an die Steuererklärung, die in Deutschland ausschließlich digital erledigt werden kann), wird digitale Teilhabe zum Prüfstein, an dem sich der Erfolg eines bestimmten Transformationsprozesses ablesen lässt. Denn während die Online-Steuererklärung ein krasser Fall ist, so finden sich im Alltag immer mehr Beispiele, die verdeutlichen, inwiefern digitale Teilhabe auch soziale Teilhabe ist. Was bei der Verschiebung der Partnersuche von Kontaktanzeigen in Zeitungen zu Apps anfängt, geht bei der Erledigung von Bankgeschäften weiter und wurde während der Covid-Pandemie schließlich bei Videokonferenzformaten, Reiseformularen oder dem digitalen Impfpass offenbar. Glücklich können sich jene schätzen, die ein Smartphone besitzen und dieses vor allem auch zu bedienen wissen. Wer nicht so aufgestellt ist, dem bleiben häufig nur komplizierte, oft zeitaufwendige Prozesse – oder der Ausschluss aus der digitalen Gemeinschaft, der nicht selten auch den Ausschluss aus der Gemeinschaft insgesamt bedeutet. Dabei werden wie so oft Kriterien wie Alter, soziale Herkunft, Bildungsgrad zum Maßstab – wenn auch in neuen Spielarten. Immer wichtiger wird die prinzipielle Bereitschaft, ständig auf dem neuesten Stand bleiben zu wollen. Während ein einmal erreichter Bildungsgrad es zum Beispiel ermöglicht, auch 30 Jahre später noch bestimmte Zusammenhänge erschließen und begreifen zu können, finden sich im digitalen Raum Prozesse, die es unerlässlich machen, ständig am Ball zu bleiben, neueste Versionen von Software zu installieren oder neue Endgeräte anzuschaffen. Digitale Transformationsprozesse und die Entwicklung von Technologien müssen also integrativ gestaltet werden und vordergründig die Interessen und Möglichkeiten derer im Blick haben, an die sie adressiert werden. Und zwar authentisch und nicht durch das Aufblasen spekulativer Räume.

Ein schönes Beispiel: In den *Nomoi* (*Gesetze*, 720b ff.) beschreibt der griechische Philosoph Platon zwei Ärzte. Der eine, der Arzt der Unfreien, beherrscht sein Tun aus seiner ›Erfahrung‹ (*empeiria*) heraus. Er geht von Patient zu Patient, untersucht jeden, verordnet etwas – und eilt zum nächsten. Warum er handelt, wie er handelt, vermag er nicht zu begründen.

Demgegenüber steht der Arzt der Freien: Er untersucht nicht nur, er befragt seine Patienten und sogar deren persönliches Umfeld genau. Er begründet, warum er eine bestimmte Therapie anwendet, erläutert seine Gedankengänge Patienten gegenüber und bezieht deren Äußerungen in seine Überlegungen ein, fast so, als wolle er sie selber zu Ärzten machen (857d f.). Dieser nachdenkliche Arzt zeigt für Platon, wie man ein ›Handwerk‹ im Sinne einer *technê* ausführt: Nicht nur die Beherrschung von Handgriffen, sondern auch die auf ein Ziel hin gerichtete ›Handlung‹ (*praxis*) muss der Arzt klar und im Detail formulieren und begründen können. Und zwar so, dass es derjenige versteht und nachvollziehen kann, dem eine Technologie dienen soll. Erfahrung muss erlangt, gute Werkzeuge angeschafft und Wissen generiert werden. Doch sind das alles nur erste Schritte. Zu einem gelingenden Prozess gehört es, dass auch verstanden wird, was genau erreicht, wie und mit welcher Absicht das Ziel erreicht werden soll – und vor allem, wie all dies vermittelt werden kann. Zu berücksichtigen, wie etwas geteilt und vermittelt werden kann, schafft im Zweifel mehr Vertrauen als eine einzelne Technologie.

»Beschleunigung durch Komplexitätsreduktion«

Die glänzende Erzählung, das Narrativ der digitalen Transformation ist fast immer auch eine Erzählung über Geschwindigkeit, gerne auch über eine nie dagewesene Geschwindigkeit, und handelt daher von einer »Revolution«. Um diese Geschwindigkeit zu verdeutlichen, wird gerne Moore's Law zur Transistorendichte angeführt: Gordon Moore prognostizierte 1965, dass sich die Anzahl der Komponenten auf einem integrierten Schaltkreis regelmäßig verdoppeln werde – ohne dass dabei die Kosten eklatant zunehmen würden. Dass Moore nicht ganz falsch lag, kann jeder bestätigen, der die Leistung und Kosten seines in den frühen 2000ern gekauften Computers mit denen einer heutigen Smartwatch vergleicht.

Doch wie sollen wir mit etwas umgehen, das exponentiell wächst und das gleichzeitig damit droht, sich in seiner Komplexität unserem Verständnis zu entziehen?

Viele flüchten sich in die Antwort, dass sich die digitale Transformation nur dann meistern lässt, wenn die eigene Arbeit in diesem Bereich ebenso rasant und die Ergebnisse ebenso radikal neu sind. Ein fataler Trugschluss! Aus mehreren Gründen.

Im Jahr 2013 hat der britische Organisationsforscher Christopher Grey einen Aufsatz veröffentlicht, der im Vergleich zu seinen anderen Arbeiten relativ wenig Aufmerksamkeit erhielt. Dabei ist der Text mit dem Titel »The Fetish of Change«[7] vielleicht eines seiner interessantesten Werke. Grey argumentiert, dass sich die Annahme, wir würden gerade einen nie dagewesenen Wandel miterleben, so stark in unser kollektives Bewusstsein eingebrannt hat, dass wir diese Annahme wie ein Naturgesetz hinnehmen. So gut wie jedes Managementbuch beginnt damit, diesen rasanten Wandel zu attestieren, was dann in eine Aufforderung zu ebenso rasanten Antworten mündet. Grey ordnet die Idee eines nie dagewesenen Wandels historisch ein und kommt zu dem Ergebnis, dass das »Nie-Dagewesene« schon seit so langer Zeit präsent ist, dass man es eigentlich als Daseiendes verstehen müsste. In der Rückschau, so Grey, wirkt die Vergangenheit immer relativ stabil, da man ihren Ausgang, also unsere Gegenwart, ja bereits kennt. Die Gegenwart dagegen ist der einzige uns bekannte Zeitpunkt, dessen Zukunft uns unbekannt ist.

Im Grunde beschreibt Grey das, was der Historiker Reinhart Koselleck der zwischen 1750 und 1850 angesiedelten Übergangsperiode attestierte, die er »Sattelzeit« nannte: In diesem Zeitabschnitt entwickelten sich in den europäischen Gesellschaften Lebensumstände und Mentalitäten so rasant hin zur Moderne, dass er einen Umbruch markiert. In diesem Zeitabschnitt liegen, so Koselleck, »Erfahrungsraum« und »Erwartungshorizont«[8] weit auseinander: Kategorien, die lediglich aus bestimmten Erfahrungen heraus entwickelt wurden und die den Rahmen für eigene Erwartungen in Bezug darauf bilden, was denn da in Zukunft auf uns zukommen mag, scheinen für viele immer weniger zuverlässig zu sein. Zugleich öffnet sich auf diese Weise die Zukunft als Raum, der gestaltet werden kann.

Warum soll aber nun ausgerechnet im Rahmen von Digitalisierung und technologischem Wandel das Gefühl – denn es ist, wie wir sehen werden, nicht mehr – entstehen, dass es sich um einen Wandel in nie dagewesener Geschwindigkeit handelt, bleiben doch grundlegende Kategorien des gesellschaftlichen Zusammenlebens bestehen?

Leicht lassen sich in den Archiven aufschlussreiche Beiträge finden, die helfen, die vermeintliche Revolution einzuordnen: Der *Spiegel* widmete dem Phänomen, das wir heute digitale Transformation nennen, sowohl 1964 als auch 1978 eine Titelstory.[9] Wenn man die Texte heute liest, so verblüfft vor allem, wie sich die Debatten bis heute ähneln. 1964 argumentierte ein führender Gewerkschafter:

> Die Auffassung, alle, die durch Maschinen verdrängt werden, könnten rasch Beschäftigung finden, ist erheiternd. Sie erinnert an einen Mann, der mit lustigem Pfeifen über einen Friedhof geht.

Ein ähnliches Argument kennen wir aus dem Kontext der Diskussion um künstliche Intelligenz (KI), die in großer Geschwindigkeit Arbeitsplätze vernichten soll.

Auch 1978 erzählt der *Spiegel* in einem Artikel mit dem Titel »Elektronik zerstört Arbeitsplätze« die gleiche Geschichte. Hier argumentiert ein Manager:

> Arbeiter, die stumpfsinnige Routineaufgaben zu erledigen hatten, sind nun frei, interessantere, produktivere und lohnendere Aufgaben zu übernehmen.

Und ein IG-Metall-Funktionär kontert:

> Wir lassen uns nicht auf dem Altar des Fortschritts opfern – es ist fünf vor zwölf.

Doch nicht nur die mahnenden Worte klingen verblüffend aktuell, sondern auch die Hybris derer, die meinen, alles bereits verstanden zu haben. So findet sich in der Ausgabe von 1964 auch folgende Passage:

> VW-Chef und Automations-Promotor Heinz Nordoff glaubt allerdings, daß der technische Fortschritt in seiner Branche nahezu abgeschlossen ist: »Wir automatisieren weiter, was

irgend zu automatisieren ist, obwohl auf diesem Gebiet spektakuläre Erfolge nicht mehr zu erwarten sind.«

Volkswagen bot 1964 die Modelle Käfer, Bulli T1 und Karmann-Ghia an. Man kann durchaus der Meinung sein, dass dies mit Blick auf das Design die stärkste Epoche des Volkswagen-Konzerns war. Der Grad an Automatisierung konnte jedoch offensichtlich noch erhöht werden.

Also keine Revolution? Doch, zweifelsohne. Nur fehlt häufig das Korrektiv, das die Umwälzung und vor allem die Wahrnehmung der Geschwindigkeit und der Konsequenzen der Umwälzung zueinander in Relation setzt. Wir nehmen an, dass wir einem rasanten Fortschritt gegenüberstehen. Dabei blenden wir die Tatsache aus, dass wir es mit Einzelphänomenen, die seit Jahrzehnten bekannt sind, und mit einen Gesamtphänomen, das seit Jahrhunderten in verschiedenen Formen immer wieder auftritt, zu tun haben.

Der Glaube an eine rasante Veränderung hat einen spannenden Nebeneffekt: Organisationen bekommen das Gefühl, den Anschluss möglicherweise bereits verpasst zu haben. Und so scheint die einzig denkbare Antwort auf den ›rasanten Fortschritt‹, sich selbst noch schneller zu bewegen, um eventuell verlorenen Boden wiedergutmachen zu können.

Nun haben wir es im Zuge der Digitalisierung mit komplexen Herausforderungen und Möglichkeiten zu tun. Diese spannen einzelnen Organisationen individuelle Optionsräume auf. Denn wie Organisation A die digitale Transformation bewältigt, stellt keine Vorgabe für Organisation B dar, und umgekehrt. Jede Organisation steht den Herausforderungen der digitalen Transformation in diesem Sinne also allein gegenüber und muss für sich eigene Antworten finden.

Das mag abstrakt klingen, lässt sich aber leicht an einem Beispiel illustrieren. Ein Friseur, der sein Geschäft in einer belebten Straße hat, zieht wesentliche Teile seines Umsatzes aus Laufkundschaft. Ein entscheidendes Element in seiner digitalen Selbstdarstellung sind die Bewertungen auf gängigen Portalen. Ein Friseur, dessen Geschäft sich in einer Randlage befindet, lebt dagegen primär von seiner Stammkundschaft. Für diesen Friseur wäre es zielführender, ein System einzurichten, das per Mail seine Stammkundschaft ab und zu daran erinnert, doch wieder einmal vorbeizukommen.

Gleichzeitig bieten sich im Zuge der Digitalisierung immer mehr und neue Möglichkeiten, sich selbst, die eigene Organisation oder gar die eigene Branche neu zu positionieren. Diese Kombination aus sehr individuellen Herausforderungen und zunehmenden digitalen Möglichkeiten müsste eigentlich dazu führen, dass die Auseinandersetzung mit dem, was jeweils sinnvoll und zielführend ist, mehr Zeit eingeräumt bekommt. Ähnlich, wie es auch länger dauern dürfte, aus einem Schrank mit 500 Kleidungsstücken das passende Teil herauszusuchen als aus einem Schrank mit 20 Kleidungsstücken.

Doch führt dies im Kontext der Digitalisierung zu einem Dilemma: Auf der einen Seite möchte man möglichst schnell reagieren, um mit dem gefühlt rasanten Fortschritt mithalten zu können. Auf der anderen Seite erfordert die Zunahme an Komplexität eine intensivere Auseinandersetzung – und verlängert damit die Reaktionszeit.

Die vermeintliche Zauberformel, um diesem Dilemma zu begegnen und trotz der steigenden Anforderungen schneller zu Ergebnissen zu kommen, heißt »Komplexitätsreduktion«. Und Komplexitätsreduktion bedeutet hier nichts anderes, als konsequent die Rahmenbedingungen einzudampfen. So werden komplexe Herausforderungen zu Problemen heruntergebrochen, die leicht verdaubar sind. Sie sind zwar nur ein Mosaikstein aus dem eigentlich viel komplexeren Zusammenhang, lassen sich aber durch vorab klar definierte Prozesse bearbeiten und bewältigen. Man ignoriert dabei die Tatsache, dass der Mosaikstein später möglicherweise gar nicht in das Gesamtbild passt.

Ein typisches Beispiel hierfür liefert die »Sprint-Methode«, die Jake Knapp durch sein 2016 erschienenes Buch populär machte.[10] Der Untertitel des Buches lautet: »How to Solve Big Problems and Test New Ideas in Just Five Days« (»Wie man in nur fünf Tagen große Probleme löst und neue Ideen ausprobiert«). Der Untertitel schafft es, die kognitive Dissonanz, auf die man im Zusammenhang mit digitalen Transformationen so häufig trifft, in nur wenige Worten zu gießen. Die einzig sinnvolle Antwort auf die im Untertitel gestellte Frage muss lauten: »Gar nicht«. Denn in fünf Tagen bekommt man große Probleme weder gelöst noch getestet, ja kann man noch nicht einmal ihre Komplexität erschöpfend durchdringen. Doch weckt der Umstand, dass ein populäres Buch genau dies verspricht, die Hoffnung, dass das Unmögliche vielleicht doch irgendwie möglich ist – und zwar dann, wenn man sich dazu verpflichtet, noch schneller zu arbeiten, und auf diese Weise den Wettlauf mit der rasanten Veränderung konsequent annimmt. Kurz: Anstatt zu arbeiten, wird nun ›gesprintet‹. Der Marathon der Bewältigung großer Herausforderungen wird zur Kurzdistanz.

Was soll ein Sprint? Ein Sprint ist nicht dafür da, weit zu kommen. Mit einem Sprint legen wir möglichst schnell eine kurze Strecke zurück und nehmen es dabei in Kauf, danach vollkommen verausgabt zu sein. Nicht ohne Grund hat Usain Bolt seine Weltrekorde über 100 und 200 Meter nicht an einem Tag aufgestellt, und nicht ohne Grund trat er im Anschluss nicht auch noch im 400-Meter-Hürdenlauf an.

Warum also sollte man die »big problems«, mit denen unsere Organisationen zu kämpfen haben, auf diese Art angehen? Und was wollen wir im Anschluss machen? Drei Wochen Urlaub, um uns zu erholen, und in denen dann andere in den

Hürdenlauf müssen, für den uns die Kraft fehlt? Für Pausen bleibt keine Zeit: In der Unternehmenspraxis ist nach dem Sprint vor dem Sprint und so wird aus Aufgaben, die es eigentlich von uns verlangen, intensiv zu reflektieren, einzuordnen und abzuwägen, ein Rennen, das genau das nicht zulässt.

Die Sprint-Methode ist nur eines von vielen Werkzeugen aus dem großen Werkzeugkasten an Komplexitätsreduktions-Tools, die im Kern alle etwas Ähnliches versprechen: Durch eine iterative, also immer wieder neu ansetzende, sich wiederholende Methode, die früh Fehler entdeckt und diese dann ausmerzen kann, lässt sich die Prozessgeschwindigkeit enorm steigern, so der fromme Wunsch. Als konzeptioneller Gegenspieler wird gerne das lineare »Wasserfall-Modell« der Softwareentwicklung aufgebaut. Dieses antiquierte und bürokratische Ungetüm des Projektmanagements koste in der Entwicklung zu viel Zeit und Geld und bringe am Ende Ergebnisse, die an Nutzenden vorbeizielen, wird argumentiert. Gerade wer einmal durch öffentliche Vergabeprozesse gebeutelt wurde, stimmt dem schnell zu und unterschreibt, dass eine digitale Transformation nur durch die radikale Abkehr von solchen Prozessen möglich sein kann. Doch die Erzählungen der Komplexitätsreduktions-Tools ziehen eine künstliche Dichotomie auf, indem sie vorschützen, es würden keine Zwischentöne existieren, als sei niemals etwas Sinnvolles dadurch entstanden, dass eine Situation oder ein Problem genau analysiert und anschließend geduldig weiter durchdacht wurde. Während eines Sprints bleibt jedoch keine Zeit für Nachdenklichkeit, denn Denken dauert und erzeugt keine sichtbaren Ergebnisse. Die gängigen Komplexitätsreduktions-Tools der digitalen Transformation bewerten Aktivität höher als Reflexion. Die digitale Transformation leidet also an einem »Action Bias«, einer deutlichen Neigung, zu handeln – konkret geht es fast immer darum, etwas zu ›bauen‹ – anstatt zu verstehen.

Wie kann man diesem Rattenrennen der wenig zielführenden Handhabung digitaler Transformationsprozesse entgegentreten? Im Grunde gibt ein Blick in die Historie der Digitalisierung und des vermeintlichen nie dagewesenen Wandels bereits einen Teil der Antwort: Wenn die Geschwindigkeit der Veränderung in der Gesamtschau sich als nicht ganz so rasant darstellt, wenn Veränderungen vielmehr ein kontinuierlicher Prozess sind, dann kommt es weniger auf die Geschwindigkeit an, in der eine vermeintliche Antwort gefunden wird, als vielmehr auf deren Qualität. Kurz: Schnell ist nicht zwangsläufig besser als gut. Aus dieser Perspektive gesehen stellt die digitale Transformation kein Wettrennen dar, das die Organisation gewinnt, die als Erste möglichst viele Prototypen gebaut hat, sondern es handelt sich vielmehr um ein Zinseszins-Spiel, bei dem vor allem die intensive Auseinandersetzung, weitgreifende Analysen und teils kleinteilige Anpassungen im Laufe der Zeit Früchte tragen. Zu dieser Auseinandersetzung gehört die Erkenntnis, dass Erfahrungen die Erwartungen auf andere Weise formen. In der Erkenntnis, dass Erfahrungen unser Handeln auf eine neue Weise einordnen können, auch wenn wir schon lange glauben, dass Erwartungen sich von unseren Erfahrungen entfernt haben, besteht die eigentliche Revolution, die das Digitale bringt. Oder, wie Reinhart Kosellek meinte:

> Meine These lautet, daß sich in der Neuzeit die Differenz zwischen Erfahrung und Erwartung zunehmend vergrößert, genauer, daß sich die Neuzeit erst als eine neue Zeit begreifen läßt, seitdem sich die Erwartungen immer mehr von allen bis dahin gemachten Erfahrungen entfernt haben.[11]

Das mag nicht besonders radikal klingen, fordert Organisationen jedoch trotzdem heraus. Denn ein kontinuierlicher Prozess ist eben keine Einladung dazu, den Status quo am Leben zu halten. Auch eine schrittweise Veränderung kostet Energie und muss erst einmal umgesetzt werden. Diese zeitlose Wahrheit hat jedoch das Problem, dass sie heute nicht sonderlich modern klingt. Und was nicht modern klingt, steht unter Generalverdacht, für das bisherige Scheitern zumindest eine Teilschuld zu tragen.

»Neu ist besser als gut«

Das Konzept der Transformation ist eng mit dem Konzept der Innovation verwoben. Die Begriffe ›Veränderung‹ und ›Erneuerung‹ werden daher mitunter synonym verwendet. Im Zuge einer digitalen Transformation führt das oft dazu, dass bestimmte Organisationspraktiken besonders darauf ausgerichtet werden, Neues, Innovatives zu Tage zu fördern. Dieses ›Innovative‹ wird also gleichzeitig als Neuausrichtung an Digitalität verstanden, eine Neuausrichtung, die konsequent mit dem brechen soll, was zuvor war. Typische Formulierungen, die eine solche drastische Abkehr vom Status quo unterstreichen sollen, sind »radikal«, »disruptiv« oder die strategische Neuausrichtung als »[irgendetwas] first«. Gerne wurde »mobile first« und später »AI first« als Innovationsauftrag ausgeflaggt. Viele werden sich auch an die Kampagne der FDP erinnern, die mit »Digitalisierung first« und »Bedenken second« immerhin eine Priorisierung vornahm, auch wenn diese, denkt man genauer über die Slogans nach, eher dazu führt, dass man sich entmündigt fühlt (Denken wird zur Nebensache).

Eine solch drastische Abkehr vom Bisherigen ist zumindest überraschend, spricht sie doch der eigenen Vergangenheit jede Möglichkeit ab, noch heute zu inspirieren: Die Zukunft soll anderswo gefunden werden, die eigene Historie scheint dafür wertlos.

Dies geht oft Hand in Hand mit einer Abwertung von Erfahrung, da diese eben deshalb, weil sie in der Vergangenheit gemacht wurde, die Zukunft vermeintlich nicht mehr mitgestalten kann. Infolgedessen erleben viele Organisationen die digitale Transformation auch als einen Generationenkonflikt. Junge Menschen sprechen zuweilen erfahrenen Mitarbeitenden ihre Existenzberechtigung ab, weil diese ›das Digitale‹ nicht verstehen würden. Die Älteren beklagen im Gegenzug, wie wenig Erfahrung man haben muss, um allen Ernstes zu glauben, dass Erfahrung wertlos sei. Studien zeigen indes, dass 60-jährige Gründer*innen dreimal so erfolgreich sind wie 30-jährige – und 50-jährige immerhin doppelt so erfolgreich.[12]

Der Gedanke, dass eine digitale Transformation nicht von Erfahrungen, die in der Vergangenheit gemacht wurden, profitieren kann, ist bemerkenswert. Denn wenn wir digitale Technologien als neue Möglichmacher verstehen, dann will nicht einleuchten, warum sie ausschließlich ›Neues‹ ermöglichen sollten.

Ein anschauliches Gegenbeispiel lässt sich im Bregenzer Wald finden. Das Zimmermannshandwerk hat hier eine lange und ausgeprägte Tradition, die inzwischen teilweise digital transformiert wird. Dabei wird dieser Transformationsprozess jedoch genutzt, um in der eigenen Historie zu stöbern und dort verlorengegangene Praktiken wiederzuentdecken. Für die Verbindung von Holzbalken wurden früher etwa sogenannte Schwalbenschwänze geschnitzt, Aussparungen im Holz, die beim Zusammenstecken genau ineinandergreifen und somit verwitterungsanfällige Nägel, Schrauben und Leim überflüssig machen. Schwalbenschwänze herzustellen bedeutete zeitintensive Handarbeit, und war daher kostspielig. Aufgrund steigender Löhne wurden alternative, weniger aufwendige und daher weniger kostspielige Balkenverbindungen immer attraktiver, wie Balkenschuhe. Das sind Metallrahmen, die auf Balken gesteckt werden, um diese mit Nägeln zu fixieren. Für Zimmerleute haben Balkenschuhe nicht die Eleganz von Schwalbenschwänzen, und so trauerte die Branche der verlorengegangenen Praktik nach. Mit der Verbreitung von Abbundrobotern erleben die Schwalbenschwänze aktuell eine digitale Renaissance. Abbundroberter sind große, automatische Fräsmaschinen, die auf Basis einer digitalen Anleitung, Balken und Hölzer zurichten. Da Schwalbenschwänze nun nicht mehr händisch gefertigt werden müssen, sondern durch einen Roboter gefräst werden können, ist die Praktik wieder wettbewerbsfähig und kehrt ins Handwerk zurück.

Ähnliche Beispiele finden sich auch in anderen Branchen. Das Bäckereihandwerk etwa entdeckt durch digital-temperaturgesteuerte, abgeschlossene Räume alte Rezepte wieder. Gleichzeitig löst sie dabei ihr größtes Problem, nämlich genügend Nachwuchs zu rekrutieren: Die frühen Arbeitszeiten entfallen, da man den Teig am Vortag zubereiten kann.

Auch jenseits des Handwerks finden sich Beispiele dafür, wie traditionelle Praktiken im Licht der Digitalisierung neu gedacht werden und zu neuen Anwendungen oder gar Produkten führen können. Im Jahr 1949 trat der Jesuitenpater Roberto Busa an Thomas J. Watson, den Gründer von IBM, heran und gewann ihn für einen Plan, den er bereits seit einigen Jahren verfolgt hatte: Er träumte von der Erstellung eines *Index Thomisticus*, der die Arbeit mit dem umfangreichen Textkorpus von Thomas von Aquin erleichtern sollte. Denn die Werke von Thomas von Aquin selbst umfassen 118 Texte, hinzu kommen 61, die er in Teilen verfasst hat und die von Dritten vollendet oder ihm fälschlicherweise zugeordnet wurden. Um sich in einem Opus von diesem gewaltigen Umfang orientieren und Bedeutungen von Begriffen oder deren Entwicklung bestimmen zu können, wollte Pater Busa einen Index erstellen, der (fast) alle Wörter des Werkes erfasst, vor allem aber auch die Angabe der Stellen, an denen sie im Werk von Thomas auftauchen. Ein gigantisches Unterfangen mit prominenten Vorgängern – und Nachfolgern. Denn diese Form von Indexen waren damals schon nichts Neues. Sogenannte Konkordanzen gab es schon lange: Seit Hugo di Santo Caro um 1244, wohl mit der Hilfe von mehreren Dutzend Mönchen, die wahrscheinlich erste Konkordanz der Heiligen Schrift erstellt hatte, wurden sie für viele zentrale Texte der Geistesgeschichte erarbeitet.

Busa indes wollte mit Hilfe Watsons und seiner Firma eine Konkordanz von einem Computer erstellen lassen, trat also mit einem genuin textwissenschaftlich motivierten Interesse an digitale Technik heran. Das vielleicht erste Digital-Humanities-Projekt brauchte 34 Jahre, um alle Texte zu digitalisieren und insgesamt 10 631 980 Wörter und Begriffe zu indizieren. Diesem Beispiel folgten viele weitere Projekte, und inzwischen sind digitalisierte Werke keine Ausnahme mehr, sondern machen Dank großangelegter Projekte die Norm aus – und sie können mit Hilfe leistungsfähiger Texterkennungsprogramme und entsprechender Hardware in weit weniger als 34 Jahre erstellt werden.

Mit den Möglichkeiten der Digitalisierung entwickelten sich auch die Möglichkeiten, digitalisierte Texte zu analysieren, weiter. Netzwerke, digitale Umgebungen und Methoden mit Namen wie Stylomerics, Topic Models, TEI und Distant Reading ermöglichen einen Zugriff auf Texte, der vor wenigen Jahren noch undenkbar schien. Mit Hilfe von Algorithmen lassen sich Texte per Knopfdruck nach bestimmten Kriterien aufschlüsseln, können verschiedene Text-Korpora miteinander verglichen, textübergreifende Muster aufgezeigt und analysiert werden. Der Grundgedanke, Informationen so zu bündeln, dass sie leichter zu nutzen und zu interpretieren sind, um auf diese Weise einfacher bestimmte Fragen beantworten zu können, ist indes geblieben. Und dieser Grundgedanke ist schon lange nicht mehr auf ein rein geisteswissenschaftliches Forschungsinteresse beschränkt: Die Idee einer großen digitalen Datenbank, für die man einen Index erstellt, mit dem man Informationen auffinden kann, begleitet uns heute täglich – mit einem Klick liefern uns Suchmaschinen Ergebnisse und Verknüpfungen von Begriffen, nach denen vorherige Generationen sehr lange gesucht hätten. Der Begriff der Konkordanz mag heutigen Nutzern unbekannt sein, die Umsetzung ihres Kerngedankens in digitaler Form, kennt indes jedes Kind, das in der Lage ist, zu »googlen«.[13]

Im Zuge der digitalen Transformation kann die Historie also durchaus sinnvolle Ideen liefern, und es können verlorengegangene Praktiken wiederbelebt werden. Man muss lediglich den Mut dafür aufbringen, für die Beantwortung von Zukunftsfragen auch in der Vergangenheit nach Inspiration zu suchen.

»Neues entsteht durch Vernetzung«

Es besteht weitgehend Einigkeit darüber, dass eigentlich nichts wirklich ›neu‹ ist, sondern dass das, was wir als neu wahrnehmen, immer eine neue Rekombination von Bisherigem ist.[14] Jede Innovation ist also (zum Großteil) ein Remix, und um zu einem Remix zu gelangen, braucht es zuerst einmal eine neue Form der Vernetzung. Aus diesem Gedanken entwickeln viele Organisationen eine Art »Vernetzungs-Imperativ«. Dabei wird dafür gesorgt, dass es möglichst einfach ist, neue Vernetzungen herzustellen. Und dies gilt sowohl innerhalb als auch außerhalb der Grenzen der Organisation. Hinter diesem Ansatz verbirgt sich die Hoffnung, dass Menschen, die sich besonders gut vernetzen, zu ›Trüffelschweinen‹ im Dienste der Innovation werden und so neue vielversprechende Rekombinationen ›erschnüffeln‹.

Der Arbeitsalltag der meisten von uns ist durch diesen Vernetzungs-Imperativ geprägt. Durch E-Mail, Slack, LinkedIn, Video-Calls, Instant Messenger oder ein jeweiliges Intranet sind die »Vernetzungskosten« – also der Aufwand, der damit einhergeht, sich zu vernetzen – in den vergangenen drei Jahrzehnten immer weiter gesunken. Und das gilt längst nicht mehr nur für digitale Werkzeuge, sondern auch für unsere Arbeitsumgebungen. Moderne Büros sind Orte der Vernetzung. Es soll möglichst leicht gemacht werden, sich in möglichst häufig wechselnden Konstellationen zu begegnen, auch aus dem Grund, dass das eigene Netzwerk Schritt für Schritt wächst und sich so ein immer größer werdender Pool an Rekombinationsmöglichkeiten bildet. Aus diesem Grunde werden Büros immer offener und transparenter gestaltet. »Empty Desk Policies« sollen dafür sorgen, dass Mitarbeitende möglichst häufig ihren Arbeitsplatz wechseln, mit anderen Menschen ins Gespräch kommen und so ihr Netzwerk über die angestammten Kontakte hinaus erweitern. Das »Open Office« ist die Weiterentwicklung des Großraumbüros und soll dafür sorgen, dass Mitarbeitende leichter miteinander ins Gespräch kommen und sich trauen, auch hierarchieübergreifend einfach jemanden anzusprechen.

Nicht immer führt der Vernetzungs-Imperativ jedoch zu den gewünschten Ergebnissen. So erschien 2018 eine vielbeachtete Studie von Ethan Bernstein und Stephen Turban, die eine Organisation während der Umstrukturierung ihrer Büros begleitete.[15] Nachdem die Organisation den »Wänden den Krieg erklärt« und ein offenes und transparentes Büro geschaffen hatte, ging die persönliche Kommunikation um 70 Prozent zurück. Es fehlten Rückzugsorte, um sich ungestört zu unterhalten. Diskretion war in einem solchen Umfeld nicht mehr möglich. Und der aufmerksamkeitspsychologische »cocktail party effect« ermöglichte allen an den Unterhaltungen nicht Beteiligten konzentriertes Arbeiten nur noch, wenn sie sich schallisolierende Kopfhörer aufgesetzt hatten und nicht plötzlich zusammenzucken, weil ein ihnen vertrauter Begriff 20 Meter weiter zufällig genannt wird.

Der Vernetzungs-Imperativ hat einen weiteren entscheidenden Nebeneffekt. Durch die gesunkenen Vernetzungskosten wird die eigentliche Arbeit häufiger unterbrochen. Dies geschieht unmittelbar dann, wenn jemand vor unserem Schreibtisch steht und uns etwas fragt. Dies kann jedoch auch indirekt geschehen, wenn jemand neben uns laut telefoniert oder wenn auf der anderen Seite einer Glaswand ein Schatten vorbeihuscht, den wir in der Peripherie wahrnehmen und dem wir reflexartig hinterherschauen – oder wenn der interne Nachrichtendienst unablässig mit einem Ping darauf hinweist, dass eine weitere Nachricht darauf wartet, gelesen und beantwortet zu werden.

In vielen Organisationen wird Arbeit in einer Intensität gestört, dass es zu regelrechten ›Informationsthrombosen‹

kommt. Hier werden einzelne Personen so oft unterbrochen, dass sie kaum noch Zeit finden, ihrer eigentlichen Tätigkeit nachzukommen. Oft bleibt als einzige Möglichkeit, wieder eine Art Sprechstunde einzuführen. Sie dient dann als Rechtfertigung dafür, dass man das tut, für das man eigentlich eingestellt wurde.

Und damit nähern wir uns dem Kernproblem des Vernetzungs-Imperativs. Durch Vernetzung alleine entsteht nichts Neues. Im Gegenteil: Vieles entsteht sogar, ohne dass man sich dafür explizit vernetzt hätte, etwa wenn jemand sich zurückzieht, um ein Problem genau zu durchdenken. Solchen Tätigkeiten wird, ähnlich wie der Lektüre, in unserem Büroalltag nur noch ein sehr niedriger Stellenwert eingeräumt. Niemand zeigt voller Freude die neu eingerichtete Bürolandschaft und erklärt, dass man diese daran ausgerichtet hätte, dass Mitarbeitende besonders gut denken könnten. Das mag auch daran liegen, dass man das Nachdenken nicht ad hoc sichtbar machen kann. Wir können uns also von außen nie ganz sicher sein, ob hier auch wirklich gearbeitet wird. Und deswegen werden Tätigkeiten wie das Nachdenken heute visuell aufgeladen. Statt über die der eigenen Organisation zur Verfügung stehenden Optionen ausführlich nachzudenken, wird ein »Ideation-Workshop« durchgeführt, in dem möglichst viele bunte Post-its an Wände geklebt werden und alle Teilnehmenden dadurch ›energetisiert‹ werden, dass man sie möglichst oft durch den Raum jagt. Das konzentrierte Nachdenken ist als solches nicht sichtbar, die bunten Zettelchen jedoch schon: Hier wurde offensichtlich etwas geleistet.

Teams, die es schaffen, erfolgreich unter besonders hohem Zeitdruck zu arbeiten, tun dies in zweierlei Modi, nämlich kollektiv und individuell. Kollektiv gehen sie Gedanken durch, unterbrechen sich gegenseitig häufig, diskutieren angeregt miteinander und verteilen Aufgaben untereinander. Diese Phasen werden auch als »Burstiness«[16] beschrieben, ein Begriff, der aus dem Jazz kommt und Bands beschreibt, die sehr engagiert improvisieren, bei denen alle eine aktive Rolle einnehmen und direkt aufeinander reagieren. Burstiness ist anstrengend, daher sind diese Phasen in der Regel relativ kurz, mal 30 Minuten, mal 60 Minuten – nichts im Vergleich zu einem tagesfüllenden »Ideation-Workshop«.

Im Anschluss an eine solche kollektive Phase wird der Modus gewechselt, man geht in eine individuelle Phase über. Hier ziehen sich die Teilnehmenden zurück und arbeiten etwas aus. Sie machen die Tür hinter sich zu, schalten das Telefon in den Flugmodus und ›erarbeiten‹ sich und dem Rest ihres Teams einen neuen Stand. Typischerweise wechseln individuelle und kollektive Phasen einander ab, bis ein neues Niveau erreicht wurde.

Die typische Arbeitsumgebung, so wie sie im Zuge der digitalen Transformation vielerorts umgesetzt wurde, lässt diesen Moduswechsel nicht mehr zu. Viele haben kein eigenes Büro mehr, in das sie sich zurückziehen könnten und das so eingerichtet ist, wie die jeweiligen Mitarbeitenden persönlich am besten arbeiten können. Statt einem Wechsel zwischen Stillarbeit und Burstiness ist die typische Arbeitsumgebung der sich digital transformierenden Organisation durch sporadische, aber kontinuierliche Unterbrechungen gekennzeichnet, die jedesmal wieder aus Tätigkeiten herausziehen.

Um Innovationen zu entwickeln, wird immer wieder darauf verwiesen, wie wichtig es ist, dass diese Entwicklung sich an den Bedürfnissen des einzelnen Menschen ausrichtet. »Human centered design« lautet das Schlagwort, etwas für die tatsächlichen Bedürfnisse, Gewohnheiten und Erwartungen von Menschen zu entwickeln. In der Tradition des Innovationsmanagement stellt diese vermeintliche Offensichtlichkeit das Gegenmodell zur Entwicklung aus technischer Machbarkeit dar.

Man soll heute also so entwickeln, dass am Ende etwas herauskommt, das Menschen gerne benutzen. Vermieden werden soll ein Ergebnis, das zwar irgendwie dem allerneuesten Stand der Technik entspricht, aber nicht gern verwendet wird. Tatsächlich wird der Gedanke des »Human centered design« aber in den wenigsten Organisationen auf die eigenen Mitarbeitenden bezogen. Arbeitsabläufe etlicher Organisationen sind nicht daraufhin angelegt, wie die Arbeit am besten gemacht werden kann, sondern werden von Moden, technischen Möglichkeiten und persönlichen Präferenzen der Entscheidungsträger geprägt.

Ähnlich verhält es sich mit der Arbeitsumgebung. Durch die zunehmende Digitalisierung werden Routinetätigkeiten abgebaut. Die Arbeit wird damit anspruchsvoller, aber auch individueller. Eigentlich müsste man sich in dieser Situation damit auseinandersetzen, wie eine einzelne Person für sich am besten arbeiten kann, und dann Umgebungen schaffen, die genau das ermöglichen. Der Trend, die digitale Transformation in »Open Offices« mit »Empty Desk Policies« umzusetzen, versucht jedoch genau das Gegenteil. Arbeitsplätze werden so eingerichtet, dass sie möglichst repräsentativ aussehen, aber nur selten tatsächlich dem entsprechen, wie die Mitarbeitenden gerne arbeiten würden. Auch hier wäre ein Bruch mit kurzfristigen Moden angezeigt, dienen doch die hippen Umgebungen bei aller Ästhetik oft nicht der Sache – Vernetzung hin oder her, wie beispielsweise der Soziologe Urs Stäheli ausführt.[17]

»Transparenz führt zu Sichtbarkeit«

Die Möglichkeit, über Informationen digital zu verfügen, macht es leichter, diese auch transparent zur Verfügung zu stellen. Selbst komplexe und umfangreiche Datensätze oder Beschreibungen können mit wenigen Klicks zugänglich gemacht werden. Und weil digitale Technologien diese Möglichkeiten bieten, werden im Kontext der digitalen Transformation immer wieder auch Debatten darüber geführt, wie transparent mit bestimmten Informationen umgegangen werden sollte, etwa über das Verhältnis zwischen Staat und Bürgern. So wurde die Entwicklung von technischen Möglichkeiten immer wieder an den Anspruch gekoppelt, eine möglichst hohe Transparenz zu erreichen. Der Erfolg von Initiativen wie beispielsweise FragDenStaat und die damit in Verbindung stehenden Auseinandersetzungen und Urteile machen diese Entwicklung gut sichtbar.

Dabei stellt eine möglichst große Transparenz selten das eigentliche Ziel von Bestrebungen dar, die die Transparenz erhöhen wollen. In den meisten Fällen verhält es sich mit der Transparenz ähnlich wie mit Fenstern. Niemand sammelt Fenster und niemand möchte die Anzahl an Fenstern nur deshalb erhöhen, um noch mehr Fenster zu besitzen. Fenster sind Mittel zum Zweck. Man braucht sie, damit Licht durch sie in die Räume gelangen oder damit man durch sie hindurch nach draußen schauen kann, aber nicht, um anderen mitzuteilen, dass man jetzt noch mehr Fenster hat.

Der Wunsch nach mehr Transparenz wird meist mit einem anderen Zweck verbunden. Dieser Zweck steht jedoch nicht zwangsläufig in einem direkten, linearen Zusammenhang mit einer Erhöhung der Transparenz. Mehr Transparenz erreicht also nicht automatisch mehr von dem, was man mit der Transparenz bezwecken will, es kann sogar das Gegenteil der Fall sein.

So gibt es im Zusammenspiel von Transparenz und »Accountability«, also der Rechenschaft, die ein Akteur über sein Handeln ablegt, regelrechte Denkschulen, die einen linearen bzw. umgekehrten Zusammenhang sehen. Es wird zum einen argumentiert, dass mehr Transparenz auch zu mehr Accountability führen wird. Zum anderen wird erklärt, dass eine Zunahme an Transparenz die Accountability sogar herabsetzt. Das erste Argument leuchtet schnell ein. Jemand, der offenlegt, was getan wurde, kann damit leichter zur Verantwortung gezogen werden. Doch warum wird auch argumentiert, dass bei der Erhöhung von Transparenz die Accountability kleiner werden kann?

Zunächst zeigt sich der Zusammenhang zwischen Transparenz und Accountability nicht direkt und unmittelbar, sondern ist komplex. Transparenz bedeutet so verstanden nicht die unmittelbare Teilnahme an etwas: So stehen wir beispielsweise bei einem Verwaltungsvorgang nicht dabei und können den Vorgang daher auch nicht direkt beobachten. Transparenz bezieht sich vielmehr auf den gelenkten Blick auf eine bestimmte aggregierte Beschreibung. Wissen wir, dass wir etwas transparent machen müssen, führt dies bereits dazu, dass wir uns Gedanken darüber machen, was denn genau offengelegt werden soll. Der Organisationsforscher Maximilian Heimstädt zeigte in einer Studie, dass städtische Mitarbeitende, die den Auftrag erhalten hatten, interne Datensätze für die Öffentlichkeit freizugeben, kuratierte, geremixte oder sogar manipulierte Datensätze unter anderem aus dem Grund freigaben, weil sie die hinter diesen Datensätzen liegenden Prozesse verschleiern wollten.[18] Ob mehr Transparenz in einer bestimmten Situation also die Accountability erhöht oder reduziert, hängt von der spezifischen Situation und von der Art und Weise ab, in der Informationen transparent gemacht werden. Der Wunsch nach mehr Transparenz, um damit die Accountability zu stärken, kann in bestimmten Situationen also durchaus das Gegenteil bewirken.

Und man muss nicht einmal zu einem so abstrakten Konstrukt wie Accountability greifen, um zu zeigen, dass eine größere Transparenz nicht automatisch zu besseren Ergebnissen führt. Selbst der Zusammenhang zwischen Transparenz und der bloßen Sichtbarkeit von Informationen ist nicht trivial – und das, obwohl beide Begriffe oft synonym verwendet werden. ›Sichtbarkeit‹ bezieht sich nämlich darauf, dass man Informationen findet und versteht, während ›Transparenz‹ sich auf die grundsätzliche Präsenz dieser Informationen bezieht.

Ein Beispiel aus dem Alltag, um diesen Unterschied deutlicher zu machen: Die Lebensmittelindustrie setzte mehrmals alle Hebel in Bewegung, damit sogenannte Lebensmittelampeln nicht eingeführt werden. Die Farben grün, gelb oder rot sollten eine kurze und allgemein verständliche Auskunft darüber geben, ob ein bestimmtes Produkt eine unter gesundheitlichen Aspekten gute Kaufentscheidung darstellt. In den Niederlanden ist dieses Prinzip bereits etabliert. Sieht man eine rote Ampel auf einer Chipstüte, überlegt man sich kurz, ob ein paar Walnüsse nicht auch ein geeigneter Snack wären. In Deutschland kennen wir dieses Prinzip bei abgepacktem Fleisch. Hier informiert die Ampel über die Haltungsform der Tiere. Eine Lebensmittelampel macht Informationen in einem bestimmten Kontext sichtbar. Denn wir alle haben nicht sonderlich viel Zeit, wenn wir einen Supermarkt besuchen, und wollen uns nicht mit dem Kleingedruckten auf jedem Produkt auseinandersetzen, um jeweils zu verstehen, wie die dort gelisteten Begriffe oder alphanumerischen Codes sich zueinander verhalten, geschweige denn, ob sie dem Kriterium ›gesund‹ genügen – und wessen Gesundheit überhaupt? Kennt wirklich jeder den Unterschied zwischen Bodenhaltung und Kleingruppenhaltung von Hühnern, wenn er zu einem Karton Eier greift und kann spontan die bessere Entscheidung treffen?

Genauer noch: Das Kleingedruckte ist ein gutes Beispiel für Transparenz. Sollte man sich tatsächlich die Zeit nehmen, die Hinweise zu lesen, könnte man feststellen, dass etwa im bunten Kindergetränk 10 Gramm Zucker auf 100 Milliliter Flüssigkeit kommen. Diese Information erschließt sich einem aber auch nur dann, wenn man weiß, dass Zucker unter Bezeichnungen wie Malzextrakt oder Glukosesirup firmieren kann. Dass das drei Stück Würfelzucker auf ein halbes Wasserglas sind, wird damit nicht einmal im Ansatz deutlich. Kurz, die Informationen sind zwar transparent angegeben, nur ist diese Transparenz in dem spezifischen Kontext ungeeignet, um dabei zu helfen, eine begründete Entscheidung darüber zu treffen, welche der bunten Getränkeflaschen denn nun die bessere Kaufentscheidung darstellt, während das kleine Kind lautstark die bunteste der Flaschen verlangt.

Eine ungeeignete Form von Transparenz führt dazu, dass wir nicht mehr auf Basis der Informationen eine Entscheidung treffen, sondern uns eine eigene Heuristik zulegen. Wir sagen uns beispielsweise, dass wir diese Kindergetränke kategorisch nie kaufen. Oder dass alles gar nicht so schlimm sein kann, da ansonsten das Bundesministerium für Ernährung und Landwirtschaft hier gewiss bereits gehandelt hätte. Wir nutzen also eine grundsätzliche Annahme, um für uns den Mangel an Sichtbarkeit auszugleichen. Letztlich ist damit irrelevant, wie transparent die Informationen aufbereitet sind, da wir in unserem Entscheidungsprozess nicht die Kapazitäten haben, die Informationen auch tatsächlich zu verarbeiten.

Im Bereich des Digitalen fallen Transparenz und Sichtbarkeit noch deutlicher auseinander. Das liegt daran, dass hier für die Menge an transparent vorgetragenen Informationen keine physische Grenze mehr besteht – im Gegensatz zum Etikett auf einer Getränkeflasche, auf dem nur eine gewisse Menge an Informationen dargeboten werden kann.

Ein gutes Beispiel im Digitalen sind »Online-Privacy-Policies«, die uns in Novellenlänge und in hellgrauer, kleinster Schrift auf weißem Grund darüber informieren, welche Rechte sich ein Unternehmen an unseren Daten einräumt, wenn wir seinen Dienst nutzen. Wir alle kennen diese Texte, und wir alle haben zugestimmt und angeklickt, dass wir den Text nicht nur gelesen, sondern ihn sogar verstanden hätten. Die Kommunikationsforscher Jonathan Obar und Anne Oeldorf-Hirsch haben diese von uns allen schon oft getätigte Zustimmung »The biggest lie on the internet« genannt.[19] Denn wir alle haben diese Texte weder gelesen noch verstanden. Auch hier haben wir eine Heuristik verwendet, wie: »Meine Freunde nutzen es auch, so schlimm kann es nicht sein, sonst hätte der Datenschutzbeauftragte der Bundesregierung den Dienst gewiss verbieten lassen.«

Cynthia Stohl hat zusammen mit zwei Co-Autoren 2016 ein Transparenz-Paradox entworfen.[20] Der Zusammenhang zwischen Transparenz und Sichtbarkeit gestaltet sich demzufolge wie ein Berg. Wenn keine Informationen transparent vorliegen, dann sind auch keine Informationen sichtbar. Wenn man die Transparenz nun langsam erhöht, so erhöht sich auch die Sichtbarkeit. Dieser Prozess entspricht dem Anstieg an besagtem Berg und dauert so lange an, bis man den Gipfel erreicht. Es existiert also ein Punkt der maximalen Sichtbarkeit. Von diesem Moment an beginnt der Abstieg vom Berg, d. h., zusätzliche Transparenz verringert die Sichtbarkeit einer Information. Am Ende erreicht man einen Zustand wie im Falle der Online-Privacy-Policies, wo viele Informationen in der eigenen Transparenz versteckt werden können, da wir nicht die Kapazitäten haben, sie für uns sichtbar zu machen, sie zu erkennen geschweige denn zu verstehen.

Je nachdem, wo wir uns also auf dieser Bergtour befinden, bieten sich unterschiedliche Maßnahmen an, um Informationen sichtbar(er) zu machen. Die Forderung nach mehr Transparenz macht also vor allem da Sinn, wo Informationen gar nicht zur Verfügung stehen, zurückgehalten werden oder nur schwer zu erlangen sind. Befindet man sich jedoch bereits jenseits des Scheitelpunktes, so ist es oft sinnvoll, die Informationen zusammenzuführen, zu illustrieren oder einfacherer durchsuchbar oder vergleichbar zu machen.

Wichtig ist es, ein Gefühl dafür zu entwickeln, wo man sich auf der metaphorischen Bergtour befindet. Damit das gelingt, muss man sich mit den Motivationen jener Menschen auseinandersetzen, die am Ende von der Transparenz profitieren sollen. Werden die Informationen in dem Augenblick, in dem man sie braucht, auch tatsächlich gefunden und auch verstanden? Kann nachvollzogen werden, was diese Informationen in der jeweiligen Situation bedeuten? Kann ich mir in angemessener Zeit ein eigenes Bild machen? Leider ist häufig das Gegenteil der Fall. Es werden diejenigen gefragt, die mit der Materie am besten vertraut sind, sich in ihrem Alltag mit den entsprechenden Inhalten auseinandersetzen, die Fachbegriffe kennen und ohne Weiteres zum Beispiel auch lange juristische Texte überfliegen und dennoch verstehen können. Auf diese Weise wird zu oft mit dem Anspruch, durch Erhöhung der Transparenz etwas Gutes zu tun, am Ende genau das Gegenteil erreicht. Im Ergebnis verliert man weite Teile der Seilschaft und kann im Extremfall bei zukünftigen Bergtouren allein losziehen: Man hat das Vertrauen derer verspielt, die man eigentlich bräuchte.

»Wir müssen von Start-ups lernen«

Ein Kernelement der Erzählung der digitalen Transformation ist die »schöpferische Zerstörung«. Das aus den 1940er Jahren stammende Konzept des österreichischen Ökonoms Joseph Schumpeter,[21] von Marx und Engels bereits 1848 im *Kommunistischen Manifest* umschrieben, bildet einen der Grundbausteine für unsere heutige Obsession gegenüber dem Neuen. Durch neue, erfolgreiche Ideen, Innovationen also, werden aktuelle Marktangebote erst herausgefordert und dann verdrängt bzw. »zerstört«. Für Schumpeter macht die schöpferische Zerstörung das Wesen des Kapitalismus aus, denn man hat es in diesem System nicht selbst in der Hand, eine Entscheidung darüber zu treffen, ob Weiterentwicklungen notwendig sind. »Der Markt regelt es«, wie es im liberalen Spektrum immer wieder heißt – und das verhält sich in diesem Kontext auch tatsächlich so. Schumpeter geht davon aus, dass Findige eine bestimmte Opportunität ergreifen werden und dass allen anderen dann nur noch die Möglichkeit bleibt, sich entweder anzupassen oder verdrängt zu werden.

Schöpferische Zerstörung funktioniert natürlich nur dort, wo tatsächlich Wettbewerb herrscht. Wenn jemand ein natürliches Monopol hat, wenn er etwa den einzigen Steinbruch in der Region besitzt, oder wenn es sich um den Staat handelt, kann die schöpferische Zerstörung keinen »Prozess einer industriellen Mutation« einleiten. Die Wirtschaftswissenschaften haben sich, seit Schumpeter das Konzept 1942 vorgestellt hat, weiterentwickelt und so gibt es eine kaum überblickbare Menge an Artikeln und Büchern, die sich mit den Rahmenbedingungen, Ausnahmen und Sonderfällen der schöpferischen Zerstörung und ihrer Synonyme beschäftigt.

Im Rahmen der digitalen Transformation ist das Konzept

deswegen so populär geworden, weil Schumpeter zwei Annahmen trifft, die sehr gut zum aktuellen Zeitgeist passen:

1. Er geht davon aus, dass schöpferische Zerstörung in Schüben passiert, also kein kontinuierlicher Prozess ist. Neue Technologien – oder wie es im Original heißt: Produktionsfaktoren – ermöglichen neue Kombinationen und damit innovative Angebote. Auf die digitale Transformation übertragen bedeutet dies, dass neue digitale Technologien dafür verwendet werden können, etwas anzubieten, das vorher so nicht möglich war. Und genau das ist auch der Fall, sonst bräuchten wir dieses Buch nicht.
2. Schumpeter nimmt an, dass neue »Kombinationsmöglichkeiten von Produktionsfaktoren« auch neue Unternehmen entstehen lassen. Diese neuen Unternehmen sind Spezialisten in Bezug auf die neuen Möglichkeiten und fordern deswegen die etablierten Anbieter heraus. Die Etablierten sind behäbiger, weil sie ein funktionierendes Geschäft ihr eigen nennen. Sie laufen daher Gefahr, früher oder später den Anschluss zu verlieren. Diese These passt gut zur digitalen Transformation, denn die letzten Jahrzehnte bieten jede Menge Beispiele dafür: Amazon und Zalando sind nicht aus etablierten Einzelhändlern für Bücher oder Kleidung hervorgegangen, Paypal und Square nicht aus Banken, YouTube und Twitch nicht aus Fernsehsendern. Start-ups wird im Sinne Schumpeters im Zuge der digitalen Transformation also eine besondere Innovationskraft attestiert. Was, wie die Beispiele zeigen, auch nicht von der Hand zu weisen ist.

Diese Annahmen provozieren jedoch kuriose Nebeneffekte. Denn anders als es zur Mitte des vergangenen Jahrhunderts von Schumpeter beschrieben wurde, ist den meisten Unternehmen heute durchaus bewusst, dass es einen Zwang zur Innovation gibt, wenn man nicht entweder auf einem Monopol sitzt oder sich dem Markt ergeben will. Das soll nicht heißen, dass alle Unternehmen in der Lage wären, auf Veränderungen adäquat zu reagieren. Doch sind sie sich des Themas der digitalen Transformation zumindest bewusst – und sie verbinden in weiten Teilen den Anspruch, selbst innovativ zu sein, mit der Start-up-Welt. ›Start-Up‹ meint dabei allerdings ein sehr flexibles Konzept, das sich eher auf Unternehmen bezieht, die irgendwann einmal explizit für den Verkauf neuer digitaler Produkte gegründet wurden, als tatsächlich auf Start-ups. All die Googles und Facebooks der Welt gelten also immer noch als Start-ups, selbst dann, wenn sie längst zu etablierten Großkonzernen geworden sind. Um den mit dieser Denkweise verbundenen Widersprüchen zu entgehen, wird gerne von einer »Start-up-Kultur« gesprochen, die sich diese Konzerne erhalten haben wollen, was sie von anderen etablierten Unternehmen unterscheiden soll.

Ein typisches Beispiel der Annäherung eingesessener Unternehmen an die Start-up-Welt sind Reisetouren. Es gibt wohl kaum ein westdeutsches Versicherungsunternehmen, dessen Führungsriege nicht schon einen Betriebsausflug nach Berlin gemacht hat, um dort Start-up-Nähe zu schnuppern. Auf diesen Touren mietet man sich bei Co-Working-Spaces (also etwa ein altes Fabrik-Loft, in dem sich nun sehr viele kleinere Firmen eingemietet haben) ein, um sich inspirieren zu lassen, mit welchen Maßnahmen man der eigenen Organisation Konzepte wie »New Work« oder »Agiles Innovationsmanagement« näherbringen könnte. Unternehmen mit größeren Budgets fahren für diese »Grand Tour« des 21. Jahrhunderts nicht nach Berlin, sondern gleich in das gelobte Land: das Silicon Valley. Dort hat sich inzwischen ein ganzer Industriezweig auf diese Form des Tourismus spezialisiert und fährt die Managementfraktionen in Tourbussen von Mountain View zur Sand Hill

Road in Menlo Park. Wie bei Exkursionen üblich, werden auch bei diesen Touren möglichst viele Sehenswürdigkeiten angesteuert: Das Programm ist straff getaktet und klar darauf ausgerichtet, möglichst viele Eindrücke möglichst schnell zu vermitteln. Einen Großteil der Eindrücke bekommt man visuell, etwa davon, wie dörflich es im Silicon Valley zugeht oder wie anders die Arbeitsumgebungen doch aussehen. Oft sehen die Tourteilnehmer dabei nicht einmal tatsächliche Arbeitsumgebungen, sondern die repräsentativen Räume der Unternehmen, die aus Zwecken der Kundenbindung für solche Touren zeitweise geöffnet, in einigen Fällen sogar extra angelegt wurden. Alles wirkt offener, verspielter, kommunikativer – ähnlich wie die Lobby eines angesagten, aber etwas nerdigen Hotels. In jedem Fall wirkt es ›innovativer‹ als der anonyme und etwas in die Jahre gekommene Bürokomplex, in dem das eigene Büro in Deutschland untergebracht ist.

Wer noch tiefer in die Tasche greifen will, bringt einzelne Mitglieder des Managements in Business-Crashkursen der Stanford University unter, in denen sie in kurzer Zeit – dafür aber für viel Geld – in die Welt der Gründerinnen und Gründer des Valley eintauchen können.

Mit diesen Eindrücken reisen sie dann zurück und beginnen, das Erfahrene und vermeintlich Gelernte in einen Change-Management-Prozess zu gießen. Doch was wurde hier wirklich gelernt?

Im Kern steckt hinter der Idee, von Start-ups zu lernen, immer eine gewisse Unzufriedenheit mit der eigenen Unternehmenskultur – und sei dieses Empfinden noch so vage. Man hat das Gefühl, alles sei im Laufe der Zeit zu bürokratisch geworden, Prozesse und Freigaben würden zu lange dauern, das Korsett, das die eigene Organisation sich angelegt hat, ließe zu wenig Raum, um sich von innen heraus erneuern zu können. Die Eindrücke der Start-up-Touren sollen nun dabei helfen, diese

Unzufriedenheit dingfest zu machen und so inspiriert die eigene Kultur neu aufzustellen.

Doch Eindrücke und Beobachtungen einer kurzen Reise haben den großen Nachteil, dass sie nicht sehr tiefgründig sind – zumal dann, wenn man sich vor Augen hält, dass viele der besuchten Unternehmen eine Art Potemkinsches Dorf für die Besucher errichtet haben. Wie oberflächlich diese Erfahrungen sind, wird deutlich, wenn man sie in Relation setzt: Es ist in der Ethnographie üblich, monate-, manchmal jahrelang zu beobachten, um etwas so schwer Greifbares und Diffuses wie eine Organisationskultur überhaupt erst einmal beschreiben zu können. Selbst einer der einflussreichsten Ethnographen, Claude Lévi-Strauss, betont in *Tristes Tropiques* (*Triste Tropen*), er habe nur »sehr wenig Zeit« mit den Ureinwohnern Brasiliens verbracht. Dabei lebte er von 1935 bis 1939 in Brasilien und war allein 1938 mehr als ein halbes Jahr bei zwei Stämmen im Urwald. Das, was man dagegen bei einer Stippvisite mitnimmt, die sich mit einer Organisation nur wenige Stunden beschäftigt, ist wohl auf das Augenscheinliche beschränkt und vielleicht in der Wahrnehmung zudem vor allem auf das fokussiert, was eigene Annahmen bestätigt. Für jede tiefergehende Analyse fehlt schlicht und einfach die Zeit. Jeder, der einmal umgezogen ist, idealerweise in ein anderes Land, kennt diesen Effekt. Nach einigen Monaten stellt man fest, dass erste Eindrücke falsch waren, man bestimmte Aspekte aus dem falschen Winkel betrachtet hat, oder dass Kontextinformationen fehlten. So wacht man aus der »Honeymoon-Phase« auf – oder aber man arrangiert sich mit dem neuen Lebensmittelpunkt.

Nun stellen diese Reisetouren nicht die einzige Form dar, in der gestandene Organisationen von Start-ups lernen wollen, doch bieten sie ein anschauliches Beispiel für ein generelles Muster: Ich tauche kurz in eine Parallelwelt ein, um im Anschluss nach innen und außen eine Aura der ständigen Erneuerung verströmen zu können.

Andere populäre Initiativen sind Innovationslabore, in denen kreative und technikaffine »young professionals« Vorschläge für die Zukunft der eigenen Organisation erdenken sollen: Die Bundeswehr betreibt zum Beispiel einen »Cyber Innovation Hub« in Berlin. Und er sieht exakt so aus, wie es das Klischee eines Innovation Hub in Berlin vorgibt: hohe Decken, Industrie-Look durch offene Haustechnik und grüne Plüschsofas im Loungebereich. Dort verfolgt man unter anderem den Auftrag »Lean Start-up als militärische Fähigkeit [zu] entwickeln«. Man kann sich darüber streiten, ob es wirklich eine gute Idee ist, das Militär eines Landes so organisieren zu wollen wie eine Firma, die eine App baut. Doch kann man sich die Mühe auch sparen, denn solches wird in Wirklichkeit einfach nicht passieren.

Der Wunsch, von Start-ups lernen zu wollen, kann auch anders interpretiert werden, und diese Interpretation ist innerhalb vieler Organisationen durchaus verbreitet. Da wird hinter vorgehaltener Hand berichtet, dass es im eigenen Haus irrelevant sei, welche Vorschläge vorgebracht werden, denn die Mühlen der Bürokratie zwingen auch die innovativsten Vorstöße irgendwann in die Knie. Es sei nicht so, dass Mitarbeitende keine Verbesserungsvorschläge zu machen hätten. Wenn diese Ideen aber von einem Start-up kämen, so wird erklärt, dann würden sie mehr Aufmerksamkeit bekommen. Und so entwickelt der gut gemeinte Impuls, von Start-ups lernen zu wollen, um so der schöpferischen Zerstörung zu entgehen, eine gefährliche Eigendynamik. Er sorgt dafür, dass die eigenen Mitarbeitenden sich weniger einbringen, da sie das Gefühl haben, aus dem falschen Lager zu kommen, die falsche Sprache zu sprechen – oder die falsche Kleidung zu tragen. Stattdessen hängt die Geschäftsführung auf Start-up-Touren jung-smarten Start-up-Unternehmern an den Lippen, anstatt dem eigenen Mitarbeiter im eigenen Unternehmen zuzuhören, obwohl beide Ähnliches wissen, der eigene Mitarbeiter aber zudem das Unternehmen und die Herausforderungen, mit denen es konfrontiert ist, genauestens kennt.

Der Wunsch, Inspiration auch jenseits der Grenzen der eigenen Organisation zu finden, ist nachvollziehbar und sinnvoll. Quelle der Inspiration kann neben Start-ups auch jede andere Organisationsform sein, ähnlich wie auch Erkenntnisse aus der Wissenschaft, den Medien und Beobachtungen aus dem Alltag. Fortschritt gründet sich im Kern darin, aus Erfahrungen anderer zu lernen und dies in den eigenen Kontext zu übersetzen.

Gefährlich wird es, wenn aus Inspiration ein Dogma wird und man sich nicht mehr aus dem Grunde inspirieren lassen will, besser überlegen zu können, was die Umsetzung von Ideen für die und in der eigenen Organisation eigentlich bedeuten könnte.

Der Umstand, dass etwas aus Start-ups heraus adaptiert wurde, ist nicht allein als solcher tragfähig, und spätestens wenn dies im eigenen Haus als Dogma durchschaut wird, richtet man mehr Schaden an, als durch die Inspiration sinnvolle Impulse gesetzt werden können. Es wird dann sehr viel wahrscheinlicher, dass solch eine Organisation vor allem im Zusammenhang mit digitaler Transformation sich selbst zumindest partiell zerstört, als dass sie im Sinne Schumpeters zum treibenden Teil der »schöpferische Zerstörung« anderer wird.

»Von überall droht Disruption«

»Disruption« ist einer der zentralen Begriffe der digitalen Transformation. Und gleichzeitig handelt es sich um einen Begriff, der selten richtig verwendet wird. Umgangssprachlich beschreibt Disruption nichts anderes als Schumpeters »schöpferische Zerstörung«, eine Innovation also, die mit so viel Vehemenz in unser Leben tritt, dass sie die bisherigen Angebote nicht nur schlecht aussehen lässt, sondern regelrecht vernichtet. Das Smartphone zum Beispiel hat in wenigen Jahren den Handymarkt vollends auf den Kopf gestellt. Wer in unseren Breiten heute noch ein sogenanntes Feature-Phone nutzt, hat entweder zu viel über Digital-Detox (also darüber, das Handy auch einmal zur Seite zu legen und sich so zu ›entgiften‹) gelesen oder ist sehr alt. Der Handymarkt ist heute ein Smartphone-Markt. Und auch wenn das Smartphone gerne als disruptiv beschrieben wird, so passt dessen Siegeszug gar nicht zur Theorie der »disruptiven Innovation«.

Das Konzept der Disruption geht auf die Doktorarbeit des Wirtschaftswissenschaftlers und Unternehmensberaters Clayton Christensen zurück. Er untersuchte, wie bestimmte Industrien sich im Laufe der Zeit verändert hatten. Dabei meinte er ein Muster entdeckt zu haben und nannte dieses »disruptive Innovation«. Industrien bieten am Markt immer wieder neue Produkte an. Unternehmen sind innovativ. Also ändert sich das Angebot. Christensen meinte jedoch eine ganz bestimmte Veränderung zu beobachten, und die sei anders – und zwar so anders, dass sie eine eigene Theorie verdiente. Denn bei einer disruptiven Innovation wird ein neues Angebot am Markt platziert, das entweder sehr viel günstiger als bisherige Angebote ist oder sogar vollkommen kostenlos angeboten wird. Dieses Angebot ist zunächst qualitativ gesehen meist deutlich schlechter, doch dadurch, dass es viel günstiger ist, ist es für bestimmte Marktteilnehmer trotzdem interessant. Im Laufe der Zeit wird das Angebot aber besser und dadurch immer populärer.

Das Besondere an einer disruptiven Innovation in Christensens Sinne besteht nun darin, wie die Unternehmen, die bisher am Markt vertreten waren, reagieren. Denn wenn sie wie üblich auf eine Innovation reagieren, indem sie sich selbst und ihr Produkt weiterentwickeln – schaufeln sie sich ihr eigenes Grab.

Ein typisches Beispiel für solch eine disruptive Innovation ist die Wikipedia für den Markt der Lexika. Der Brockhaus konnte so viele Anstrengungen unternehmen, wie er wollte, noch mehr Bände herausgeben und noch besser auf seine zahlungskräftigsten Kunden eingehen: Im Laufe der Zeit lief der Markt zur Wikipedia über. Und irgendwann waren nicht mehr genug Kunden übrig, um den Apparat Brockhaus weiter zu finanzieren. Eine echte Wikipedia-Alternative konnte man auch nicht auf den Markt bringen, denn damit hätte man sich selbst ›kannibalisiert‹ und außerdem bestehende Strukturen nicht weiter am Leben erhalten bzw. finanzieren können.

Christensen hat es zu seinem Lebenswerk gemacht, die Theorie der disruptiven Innovation zu verbreiten. Seine Erfahrungen als Missionar und Priester der mormonischen Kirche halfen ihm dabei. Statt immer wieder neue Theorien zu entwickeln, war Christensen zeitlebens damit beschäftigt, seine eine Theorie in die Welt zu tragen. So schrieb er Bücher über Disruption, über die Antwort auf Disruption, über Disruption im Bildungsbereich und Disruption im Gesundheitswesen, veröffentlichte jede Menge Artikel und hielt noch mehr Vorträge, in denen er versuchte, der Welt zu erklären, was genau eine disruptive Innovation ausmacht.

Doch die Welt wollte nicht so recht hören. Der Begriff »Disruption« entwickelte ein Eigenleben, fernab von Christensens eigentlicher Idee. Die zum Begriff gehörige Theorie wird nach wie vor an Business Schools unterrichtet, doch ist sie jenseits der Vorlesungssäle nicht ansatzweise so verbreitet wie der Begriff selbst.

Zudem wurde die Theorie immer stärker kritisiert: Etwas beliebig sei sie und auch etwas zu holzschnittartig. Christensen bescheinigte beispielsweise dem Smartphone kein großes disruptives Potential. Als das Produkt immer erfolgreicher wurde, erklärte er es für durchaus disruptiv – jedoch nicht für den Handymarkt, sondern für den Markt der PCs. Als Smartphones größer und teurer wurden und sogar mehr kosteten als Laptops, passte auch das wieder nicht ganz zu Christensens Theoriegebäude.

Zum denkbar ungünstigsten Zeitpunkt, nämlich genau zur platzenden »Dotcom-Blase«, entschied Christensen, einen Fond aufzulegen, der in disruptive Geschäftsmodelle investieren sollte. Nach weniger als einem Jahr wurde der Fond aufgelöst. Wenig überraschend, denn seine Theorie ist keine große Hilfe, wenn es darum geht, welche Investitionen man tätigen soll, da sich immer erst im Nachhinein feststellen lässt, ob ein Produkt oder Geschäftsmodell disruptiv ist. Trotzdem wird die Theorie gerne dafür verwendet, waghalsige Vorhersagen zu machen.

Die Historikerin Jill Lepore arbeitet sich in einem 2014 erschienen Artikel am ›Evangelium‹ der disruptiven Innovation ab.[22] Ihr Urteil fällt nüchtern aus. In erster Linie diene die Theorie dazu, um im Nachhinein zu erklären, warum eine Firma untergegangen sei. Der Ansatz erklärt also den Niedergang des Brockhaus erst nach dem Niedergang des Brockhaus. Für den Brockhaus ist das natürlich zu spät.

Obwohl die Theorie wenig dazu beitragen kann, unsere Zukunft vorherzusagen, wird der Begriff der Disruption jedoch in erster Linie genau dafür verwendet. Die Entwicklung disruptiver Innovationen soll die Zukunftsfähigkeit der eigenen Organisation sicherstellen, so jedenfalls das verbreitete Credo: »Disrupt or be disrupted«.

Was bedeutet das für digitale Transformation? Der populäre Ausspruch geht davon aus, dass sich im Zuge der digitalen Transformation jede Industrie »disrupten« lässt und dass Unternehmen daher nur zwei Optionen haben: Entweder nehmen sie die Disruption selbst in die Hand, oder sie gehen im Fahrwasser einer zwangsläufig kommenden Disruption unter. Die Theorie selbst gibt indes keinen Anlass dazu, von einer solchen Annahme auszugehen, denn sie beschreibt ja gerade einen ganz besonderen und daher seltenen Fall der Innovation, der nur wenig von dem erklären kann, was in den letzten Jahrzehnten als digitale Geschäftsmodelle erfolgreich gewesen ist.

Der Aufstieg von Amazon stellt keine disruptive Innovation dar, denn man zahlt dort für bestimmte Produkte gerade nicht bedeutend weniger als bei anderen Händlern. Auch Google gelang keine disruptive Innovation, denn auch die vorher verbreiteten Suchmaschinen wie Lycos oder AltaVista waren kostenlos nutzbar. Ebenso lassen sich der Erfolg von Facebook, Paypal, Snapchat, Apple und anderen nicht durch die Theorie erklären.

Disruptive Innovationen sind viel seltener, als der allgemeine Sprachgebrauch vermuten lässt. Viele Industrien entwickeln sich weiter, neue Firmen entstehen, andere verschwinden und das ganz ohne Disruption. Und auch die eigene Zukunftsfähigkeit hängt nicht primär davon ab, wie disruptiv man ist, sondern vielmehr davon, wie sinnvoll die eigenen Entwicklungen sind. Genau diese Sinnhaftigkeit geht in der Angst vor Disruptionen jedoch gerne verloren.

Im Zuge einer allgemeinen Suche nach der nächsten digitalen Disruption weiteten Organisationen zudem den Tätigkeitsbereich ihrer Innovationsaktivitäten aus. Ein neues Produkt stellt nach traditionellem Verständnis eine Innovation dar. Neue Fertigungsmöglichkeiten, neue Technologien oder auch ein verbessertes Verständnis davon, wie der eigene Markt funktioniert, führen, vereinfacht dargestellt, zu verbesserten Produkten.

Die erste Ausweitungswelle des Innovationsverständnisses firmierte unter dem Begriff »Servitization« und propagierte, dass es im Kontext der Digitalisierung unumgänglich sei, von einer Konzentration auf Produkte zu einer Konzentration auf Dienstleistungen (*services*) umzuschwenken. Im Bereich Digitalität, so das Argument, ginge es nicht mehr um Besitz (von Produkten), sondern um Zugang (zu was auch immer) – und jede Form von Zugang ist eine Form von Service.

Populär gemacht wurde der Gedanke von dem Ökonom Jeremy Rifkin in seinem Buch *The Age of Access.*[23] Rifkin erklärte, dass sich unsere Gesellschaft in ein neues Zeitalter bewegen würde, nämlich weg von Besitz hin zu Zugang (Access).

Tatsächlich gibt es zahlreiche Beispiele, mit denen man diesen umfassenden Trend illustrieren kann. Die CD-Sammlung ist aus den meisten Haushalten verschwunden, denn Spotify gibt uns Zugang zu einem gewaltigen Musikarchiv. Unsere Innenstädte sind voll mit Autos und Elektrorollern, die wir genau dann mieten können, wenn wir sie brauchen.

Und auch wenn das einleuchtende Beispiele sein mögen, leben wir trotzdem nicht in einem neuen Zeitalter, das Zugang als exklusives Merkmal auszeichnet. Wir haben nämlich keineswegs damit aufgehört, Eigentum anzuhäufen oder Dinge zu besitzen. Die Zahl angemeldeter Autos hat sich nicht drastisch reduziert, und auch Musik ist nicht in Clouds verschwunden. Im Gegenteil: Vinyl erlebt eine regelrechte Renaissance. Doch ein Buch, das ein neues Zeitalter ausruft, sorgt für mehr Aufmerksamkeit als ein Buch, das eine Kurskorrektur anmahnt. Fünf Jahre vor *The Age of Access* hatte Rifkin übrigens schon einmal ein neues Zeitalter ausgerufen: In seinem Buch *The End of Work* erklärte er, dass im Zuge von Digitalisierung und Automatisierung die Erwerbsarbeit bald verschwinden würde. Auch das ist bekanntlich (noch) nicht passiert.

Der Schwenk von Eigentum hin zu Zugang ließ dennoch unzählige Unternehmen die eigenen Geschäftsmodelle hinterfragen. Begleitet wurde dies immer von der Angst, dass ein anderer Player das eigene Feld ›disrupten‹ könnte. So sind eine ganze Reihe erfolgreicher Geschäftsmodelle entstanden, die vor allem für Geschäftskunden interessant sind, weil Zugang anders als Eigentum nicht so viel Kapital bindet. Es entstanden jedoch auch viele weniger zielführende Initiativen, die in erster Linie dazu dienten, zu signalisieren, dass man auch Servitization betreiben würde.

Der Geltungsbereich der Innovation wurde, auch nach dem Trend zur Servitization, stetig ausgeweitet. Immer neue Betätigungsfelder kamen hinzu, mit denen sich Innovationsprojekte nun beschäftigen mussten. So rückte das Geschäftsmodell als solches in den Fokus. Neue technische Trends, wie etwa »Big Data«, versprachen, ganz neue Geschäftsmodelle zu ermöglichen. Diese müssten jedoch erst gefunden und dann konsequent umgesetzt werden, denn nur dann hätten sie Potential, disruptiv zu sein. In dieser Phase wurde jedem Unternehmen, das Daten verarbeitet, suggeriert, es könne deutlich erfolgreicher sein, wenn es ein Geschäftsmodell um die Fähigkeit zur Datenanalyse herum entwickeln würde – unabhängig davon, ob dafür Kompetenzen vorhanden waren oder ob es für die jeweiligen Daten überhaupt einen Markt geben könnte. Eine große europäische Post bemühte sich in einem mehrjährigen Projekt darum, der Losung »Daten sind das neue Öl« hinterherzulaufen, bloß um am Ende resigniert festzustellen, dass sich partout kein sinnvolles Geschäft aus ihren Daten machen ließ. Wer nicht versuchte, aus Daten Benzin zu gewinnen, machte sich daran, sich in eine Plattform zu verwandeln. Und wem das nicht ambitioniert genug erschien, der entwickelte sein eigenes Ökosystem.

Erschreckend selten wird über die Opportunitätskosten gesprochen, die solche großen Disruptionsprojekte nach sich ziehen, jene Kosten also, die dadurch anfallen, dass man sich überhaupt mit diesen Themen beschäftigt, und nicht mit etwas anderem – wie etwa dem Tagesgeschäft. Wo nämlich viel Energie und viele Ressourcen dafür aufgebracht werden, Plattformen und Ökosysteme zu entwickeln oder sich als Anbieter im Feld der Big Data Analytics neu zu erfinden, fehlen diese Energie und diese Ressourcen an anderen Stellen. Und als Erstes vermutlich da, wo man gerne von »Top Management Attention« spricht.

Als Führungsetage einer Organisation, und zwar unabhängig davon, ob dies eine Firma, eine Behörde oder eine Stiftung ist, hat man nur eine begrenzte Menge an Aufmerksamkeit zur Verfügung. Also müssen bestimmte Aspekte der eigenen Organisation priorisiert werden, vor allem mit Blick darauf, welche Aufmerksamkeit ihnen zukommen soll. Wer seine Zukunft nicht in den bereits vorhandenen Produkten und deren Weiterentwicklung oder Verbesserung sieht, sondern in Plattformen oder Ökosystemen, wird wenig Zeit darauf verwenden, sich um seine eigenen Produkte zu kümmern. Wenn die Welt sich jedoch nicht ganz so schnell weiterdreht, wie Jeremy Rifkin Bücher schreibt, dann ist es wahrscheinlicher, dass man schrittweise den Anschluss verliert, als dass man »disrupted« wird.

»Wir brauchen eine neue Fehlerkultur«

Digitale Transformationsprozesse sind durch ihre Zielunschärfe geprägt. Bei diesen Prozessen handelt es sich, wie erwähnt, um Veränderungsprozesse, bei denen das Ziel auf dem Weg ausgehandelt werden muss. Man kann sich zu Beginn des Prozesses darüber austauschen, wo man *nicht* hinwill, was strategisch, rechtlich oder ethisch auszuschließen ist. Doch kann nicht festgelegt werden, wo genau der Prozess sinnvollerweise ankommen wird. Genau diese Zielunschärfe macht für manche den Reiz digitaler Transformationsprozesse aus. Für andere stellt sie eine außerordentliche Belastung dar. Wenn man keine Vorgabe hat, wo man hinwill: Wie soll man dann sicherstellen, dass man das Richtige tut, und – in vielen Organisationen noch wichtiger – wie soll man das belegen?

Es kommt somit nicht von ungefähr, dass im Kontext digitaler Transformationsprozesse immer wieder davon gesprochen wird, dass es einer »neuen Fehlerkultur« bedarf. Denn wer sich aufmacht, etwas wirklich Neues zu erarbeiten, wird Fehler machen. Und wer keine Fehler machen darf, wird es schwerhaben, etwas Sinnvolles zu einem zielunscharfen Veränderungsprozess beizutragen.

Nun ist der Wunsch nach einer neuen Fehlerkultur zunächst einmal sehr abstrakt, findet aber dennoch großen Anklang. Wer von einer neuen Fehlerkultur spricht, scheint damit zu zeigen, dass er Mut hat, Abenteuer sucht und mit seiner Aufbruchstimmung alle anderen mitreißen kann.

Die Geschichte bietet viele Beispiele: Christoph Kolumbus scheiterte daran, den Seeweg nach Indien zu finden. Thomas Alva Edisons der vielleicht bekannteste Erfinder aller Zeiten, meinte, dass er im Wesentlichen herausgefunden habe, wie etwas nicht funktioniert.

In ähnliche Richtung deutet der Ausspruch »Fail Fast and

Fail Forward« (»Mache Fehler schnell und lasse Fehler dich weiterbringen«). Hinter dem Motto steht die Überlegung, dass in Entwicklungsprozessen die Kosten für die Beseitigung von Fehlern dramatisch steigen, je länger man sich Zeit lässt. Wer Fehler also schnell und damit früh macht, so legt die Idee einer neuen Fehlerkultur nahe, kann diese Fehler auch schnell, früh und damit kostengünstig ausmerzen. Das unterstellt allerdings, dass man Fehler nicht nur macht, sondern diese auch frühzeitig als solche identifiziert. Eine sinnvolle neue Fehlerkultur meint also eigentlich eine neue Fehler*entdeckungs*kultur. Und das ist ein gravierender Unterschied.

Die Bauhistorie des Berliner Flughafens BER oder von Stuttgart 21 verdeutlicht dies anschaulich. Hier wurden lange Zeit Fehler, die früh offensichtlich geworden sind, nicht angegangen und führten später zu einer schier unglaublichen Verzögerung des Gesamtprojektes und einer damit verbundenen Kostenexplosion. An einem Mangel an »Fail fast« hat es sicherlich nicht gelegen, dass der Flughafen neun Jahre zu spät eröffnet wurde und schon zu diesem Zeitpunkt zu klein war. Und wenig hilfreich ist die Aussage des damaligen Bahn-Chefs Richard Lutz im Jahre 2018: »Mit dem Wissen von heute würde man Stuttgart 21 nicht mehr bauen.« – Zumal das Wissen in den Schlichtungsgesprächen vor dem Volksentscheid 2011 von den Bahn-Verantwortlichen tatsächlich längst hätte entdeckt werden können.

Und auch Kolumbus' Fehleinschätzung, den Seeweg nach Indien gefunden zu haben, ist keine Erfolgsgeschichte einer frühen Fehlerentdeckung. Viel eher handelt es sich um einen Fall von Serendipität, ein Begriff, den der amerikanische Soziologe Robert K. Merton in der Wissenschaft populär gemacht hat und der auf ein Märchen von drei Prinzen aus Serendip (heute Sri Lanka) zurückgeht, die Entdeckungen (»by accidents and sagacity« – »durch Zufall und Scharfsinn«) machen, nach denen sie gar nicht gesucht hatten: Auch Kolumbus fand etwas, das er nicht gesucht hatte.[24]

Die größte Herausforderung im Zusammenhang mit dem Wunsch nach einer neuen Fehlerkultur besteht zudem nicht darin, dieser abstrakten Idee auf Gedeih und Verderb zuzustimmen, sondern in ihrer konkreten Umsetzung. Denn die Forderung nach einer neuen Fehlerkultur führt zu zwei Verhaltensweisen:

Zum einen versucht man, alles durch irgendwie erhobene Daten zu untermauern und zu verifizieren, gerne als A/B-Test, der belegen soll, dass Option B eine schlechtere Idee ist als Option A.

Dies setzt jedoch voraus, dass man zur Entscheidung stehende Möglichkeiten tatsächlich sinnvoll einander gegenüberstellen kann. Typische Beispiele, bei denen dies funktioniert, kommen aus dem User-Interface-Design: Man präsentiert verschiedenen Nutzergruppen unterschiedliche Entwürfe, um dann zu vergleichen, welcher Entwurf besser angenommen wird. Dieser Ansatz des »Evidenz-basierten Managements« wird gerade in der Start-up-Welt geschätzt, da er als besonders rational fundiert gilt. Diese Tatsache ist auch dem Umstand geschuldet, dass Entscheidungen, die auf Basis eines Experimentes getroffen wurden, mit einer Art eingebauter Versicherung versehen sind: Selbst wenn sich die Entscheidung später als falsch herausstellen sollte, kann immer noch darauf verwiesen werden, dass sie auf Grundlage der damals verfügbaren Daten getroffen wurde.

Nun begegnen uns im Kontext digitaler Transformationsprozesse jedoch viele Situationen, die nicht (einfach) in einem Experiment darstellbar oder überprüfbar sind. Und so führt die Idee einer neuen Fehlerkultur zum anderen zu Isomorphismus.

Und damit sind wir bei der zweiten Verhaltensweise angelangt, die die Forderung nach einer neuen Fehlerkultur begünstigt: Isomorphismen. Der Begriff »Isomorphismus« beschreibt die Tendenz von Organisationen, einander zu ähneln, obwohl sie gleichzeitig versuchen, sich voneinander zu unterscheiden. In den Sozialwissenschaften erlebte das Konzept Ende der 1970er und zu Beginn der 1980er Jahre seine Blütephase. Zwar existierte damals die Idee einer digitalen Transformation noch nicht, doch liest man die damaligen Veröffentlichungen heute, fühlt man sich unweigerlich an Digitalisierungsprojekte erinnert.

Einer der wesentlichen Texte zu Isomorphismus wurde Anfang der 1980er Jahre von den amerikanischen Soziologen Paul DiMaggio und Walter Powell veröffentlicht[25] und gehört bis heute zu einem der Standardwerke der Betriebswirtschaftslehre. Die Autoren stellen drei Mechanismen vor, die jeweils zu Isomorphismus führen.

1. Der »nachahmende Isomorphismus« bezeichnet eine Handlungsweise, bei der Organisationen angesichts besonderer Unsicherheit ihre eigenen Entscheidungen an den Entscheidungen anderer ausrichten. Wer also nicht genau weiß, wie man mit einer bestimmten Situation umgehen soll, schaut, wie andere sich verhalten. Sollte das Verhalten der anderen einem selbst nicht völlig abwegig erscheinen, wird es kopiert – selbst dann, wenn dieses Verhalten nicht rational ist. Nachahmender Isomorphismus bildet damit einen spannenden Gegenentwurf zur betonten Rationalität experimenteller Entscheidungsfindungsprozesse. Besonders seltsam wirkt es, wenn beide Mechanismen, also der Versuch, Entscheidungen möglichst rational zu fällen, und die Tendenz, andere Organisationen isomorph nachzuahmen, in ein und derselben Organisation koexistieren.
   Ein typisches Beispiel für diese Form des Isomorphismus zeigt sich in der Umgestaltung der jeweiligen Arbeitsumge-

bungen im Zuge digitaler Transformationsprozesse. Wer in einer Suchmaschine nach Bildern von »New Work« sucht, findet weitläufige Büroräume, Hängematten und Tischtennisplatten, Büros, die aussehen, als seien sie aus einer Kreuzung mit einem Robinson Club hervorgegangen. Der Siegeszug dieses Bürodesigns lässt sich gut durch nachahmenden Isomorphismus erklären, denn viele Mitarbeitende würden die Hängematten wohl gerne gegen eine Tür eintauschen, die sie hinter sich schließen könnten. Und spätestens durch den Corona-bedingten Boom der Videokonferenzen, mit denen man in einem offenen Büro-Layout an Grenzen stößt, erscheint vielen die räumliche Trennung von sozialer Interaktion und konzentrierter Arbeit sehr viel angemessener als die räumlich-kompromisslose Offenheit.

2. Eng verwandt mit dem nachahmenden Isomorphismus und doch etwas anders gelagert ist der »zwingende Isomorphismus«. Der Begriff beschreibt Situationen, in denen eine Organisation so sehr unter Druck gesetzt wird, sich anderen Organisationen anzupassen, dass sie schließlich dem Druck nachgibt. Dieser Druck kann sowohl von innen als auch von außen ausgeübt werden, von innen etwa dann, wenn Mitarbeitende bestimmte Arbeitsweisen mit dem Hinweis darauf einzuführen fordern, dass diese in anderen Organisationen längst Standard seien. Wer weiß, wie viele Firmen und Behörden sich ungeachtet der eigenen Probleme und Möglichkeiten nur deshalb in »agilen« Projektmanagementhöllen wiedergefunden haben, weil ihre eigene Belegschaft dies forderte. Zwang kommt durch diese Form des Isomorphismus von außen dann, wenn etwa Kunden nachhaken, warum man denn in bestimmten Bereichen noch keine Entscheidungen getroffen und entsprechend gehandelt habe. In den letzten Jahren erlebten die bereits mehrfach erwähnten Innovation-Labs einen regelrechten Boom. Selbst Organisationen,

die man nicht direkt damit in Verbindung bringen würde, dass sie besonders innovativ sind, wie etwa Sparkassen oder der öffentlich-rechtliche Rundfunk, haben sich Innovationslabore eingerichtet.[26] An diesen Orten soll die eigene Innovationskraft trainiert und dies auch nach außen gezeigt werden. Die Einrichtung solcher Orte in anderen Organisationen setzte nun all jene unter Druck, die noch keinen solchen Ort etabliert haben. Dabei ist keineswegs klar, ob die Einrichtung solcher Innovation-Labs tatsächlich irgendwelche positiven Auswirkungen nach sich ziehen wird. Man könnte nämlich mit ähnlicher Berechtigung behaupten, dass die Präsenz eines Innovationslabors den Rest der Organisation von der Bürde der Erneuerung sogar befreit, gibt es mit dem Labor doch nun einen dezidierten Ort für diese (nicht selten) unliebsame Aufgabe. Dem Druck, der eigenen Innovationskraft einen Raum zur Verfügung zu stellen, nachzugeben, kann also durchaus dazu führen, dass die Erneuerung am Ende abseits des realen Geschehens ihr Nischendasein fristet: Ist sie erst einmal aus den Augen, ist sie schnell auch aus dem Sinn.

3. Eine weitere Form der Isomorphie bezeichnen DiMaggio und Powell als »normativen Druck«. Normativer Druck entsteht dadurch, dass bestimmte Branchen und Berufsgruppen professionalisiert werden. Im Laufe der Zeit etablieren sich Praktiken, die dann als richtig bzw. professionell gelten. Neue Studiengänge, neu gegründete Verbände und Gesellschaften zementieren diese Praktiken. Wer dazugehören will, übernimmt sie und stellt sie nicht in Frage. Wer sie nicht adaptiert, gehört auch schnell nicht mehr dazu. Dabei spielt es auch hier eine nachgeordnete Rolle, ob die Praktik rational begründet ist – ihre (unhinterfragte) Anwendung selbst gehört ja längst zu einem professionellen Verhalten dazu.
   Besonders augenscheinlich wird dieser Professionalisierungsdruck im Zusammenhang mit der von uns verwende-

ten Sprache. Die Dominanz englischsprachiger Literatur sowie die Idealisierung des Silicon Valley spiegeln sich auch darin, gerne und häufig englische Begriffe zu gebrauchen. Man übernimmt keine Verantwortung mehr, sondern man »geht in den Lead«. Man trifft sich nicht mehr zu einem Jour fixe, sondern zu einem »Weekly«. Man bereitet auch keine Folien mehr vor, sondern arbeitet an einem »Slide Deck«, das man nicht für eine Präsentation oder einen Vortrag verwendet, sondern für einen »Pitch«. Ein strategischer Wandel heißt nun »Pivot«, ein Wort, das auch eine besondere Form der Tabelle in Microsofts Excel bezeichnet – was nur in diesem Kontext jedoch konsequent französisch ausgesprochen wird. Wer diese Vokabeln, die den Verwender als jemanden ausweisen sollen, der in der Lage ist, Zukunft zu gestalten, nicht beherrscht oder nicht verwendet, disqualifiziert sich schon im Bewerbungsgespräch. Wer weiter mitspielen will, gibt dem normativen Druck nach. Das ist im Übrigen kein neues Phänomen, lediglich die Vokabeln ändern sich von Zeit zu Zeit. George Orwell zog wichtige Inspiration für *1984* aus der Lektüre eines Buches von James Burnham aus dem Jahr 1941 (*The Managerial Revolution*, dt. *Das Regime der Manager*), in dem Burnham das ›Neusprech‹ von amerikanischen Managern offenlegte.

Im Kontext von digitalen Transformationsbemühungen führt Isomorphie ironischerweise dazu, dass das Gegenteil von dem geschieht, was zu Beginn eigentlich intendiert war. Man wollte die digitalen Möglichkeiten doch dazu nutzen, um sich selbst einen Wettbewerbsvorteil zu erarbeiten, um etwas anzubieten, was so noch nicht da ist – und endet in einer Situation, in der man sich anderen Organisationen stärker angleicht.

Um diesen Widerspruch besser nachvollziehen zu können, muss man sich vor Augen führen, was die angesprochene neue

Fehlerkultur von uns verlangt. Natürlich wollen Organisationen ihre Mitarbeitenden nicht dazu ermuntern, unkluge oder falsche Entscheidungen zu treffen, auch wenn sie sich später damit rechtfertigen können, dass diese Versuche im Sinne einer neuen Fehlerkultur gemacht wurden und damit Ausdruck von Innovativität seien. Vielmehr steckt hinter der abstrakten Worthülse einer neuen Fehlerkultur der Wunsch nach einem kalkulierten und kalkulierbaren Risiko anstelle von Erfahrung – oder noch schlimmer: von Bauchgefühl. Es geht dieser neuen Fehlerkultur also vielmehr darum, eine Entscheidung zu begründen, als darum, deren Folgen abzuschätzen. Wenn in einem A/B-Test eine der Optionen besser abschneidet als die andere, dann muss eine Entscheidung nicht erst noch aufwendig hergeleitet werden. Und auch wenn sich diese Entscheidung später als falsch herausstellen sollte, so wurde hier kein Fehler gemacht, sondern beispielhaft konsequent gehandelt. Und das Ganze wird sich später so oder so als »Learning Opportunity« (also als Möglichkeit, etwas zu lernen) entpuppen.

Auch isomorphe Entscheidungen weisen diesen doppelten Boden auf. Denn der Verweis auf ein typisches Verhalten, auf einen äußeren oder inneren Druck oder einen Branchen-Standard, vereinfacht es deutlich, die eigene Entscheidung zu begründen. Es hört sich nach dieser Frage an, die man Kindern stellt: »Wenn alle aus dem Fenster springen, springst du dann auch?« Bei Organisationen, die im Begriff sind, sich digital zu transformieren, kann man indes davon ausgehen, dass sie nur dann springen, wenn die andern das auch tun. Denn Fehler – und das ist das unausgesprochene Geheimnis der neuen Fehlerkultur – scheint man unbedingt selbst machen zu müssen, um daran wachsen zu können.

Was wir von Lenin über Revolutionen, Bahnhöfe und die Deutschen lernen müssen, wenn aus der digitalen Transformation doch noch etwas werden soll

Ah! ça ira, ça ira, ça ira,
Le peuple en ce jour sans cesse répète,
Ah! ça ira, ça ira, ça ira,
Malgré les mutins tout réussira.[27]

»Ah! ça ira«: Das war die Quasi-Hymne der Französischen Revolution. Sie entstand in den Monaten vor der »Fête de la Fédération« auf dem Pariser Marsfeld am 14. Juli 1790, also in einer Zeit, in der die Französische Revolution noch lange nicht zu ihrem Ende gekommen war, es zwar schon eine Nationalversammlung gab, aber noch keine Verfassung, und als Frauen von den Bürgerrechten ausgenommen waren. Eine Hymne, die das Wissen darum, dass eine Revolution ein Prozess ist, widerspiegelt. Auch, indem ihr Refrain mit der Bedeutung spielt, dass *ça ira* sowohl bedeutet, dass ein bestimmter Prozess in Bewegung ist, etwas gehen wird, und zugleich, als Futurform von *ça va* (›es geht [gut]‹), Optimismus ausstrahlt: »Es wird gehen, alles wird gut. Trotz der Meuterer wird alles gelingen.«

Die Revolution, in der wir uns gerade befinden, ist eine digitale Revolution. Ihr fehlt jedoch beides: eine in die Zukunft gerichtete Bewegung, und Optimismus. Die Frage, ob eine Digitalisierung überhaupt stattfinden muss, ist dabei längst nicht mehr umstritten und es herrscht auch weitgehend Konsens darüber, dass digitaler Wandel nicht nur geschieht, sondern stattfinden muss. Doch bleiben handfeste Ergebnisse viel zu oft aus.

Deutschland wird seit langem ein schwieriges Verhältnis mit Revolutionen nachgesagt. Von Lenin soll der Ausspruch stammen, dass die Erstürmung eines Bahnhofes hierzulande schon an der Angewohnheit scheitern würde, dass jeder Beteiligte meine, erstmal eine Bahnsteigkarte lösen zu müssen.[28]

Doch an welchen Angewohnheiten scheitert die digitale Revolution dann?

Vielleicht müsste man Lenins Hohn noch drastisch persiflieren, wenn man verdeutlichen möchte, wie wir mit der Digitalisierung umgehen:

Vermutlich würden wir uns zuerst in der Frage verlieren, was ein Bahnhof eigentlich ist und welche Funktion er (»der Bahnhof an sich«) haben sollte.

Wir würden den Bahnhof auch deshalb nicht stürmen, weil wir es uns angewöhnt haben, vor dem Beginn des eigentlichen Prozesses einen Workshop zu veranstalten, der das Konzept »Bahnhof« partizipativ (d. h. unter Anhörung aller beteiligten Parteien) erörtert.

Das wäre für sich betrachtet nicht falsch und könnte eine Chance eröffnen, in den zuvor genannten Aushandlungsprozess einzutreten. Doch geschieht nicht einmal das. Vielmehr würde – spinnen wir das Bild ruhig weiter fort – zunächst ein Ausschuss gegründet und eine »Taskforce Bahnhof 2050« eingesetzt.

Für beide Einrichtungen werden hochrangige Experten gewonnen, die sich dadurch auszeichnen, dass sie in vielen anderen Ausschüssen und Taskforces sitzen (dabei müssen sie mit Personen- oder Güterverkehr eigentlich nichts oder nur ganz entfernt zu tun haben, denn das unterstützt gewiss die Ergebnisoffenheit ihres Denkens). Sie entwickeln nun in einem aufwendigen Prozess eine ›Strategie‹ für den Bahnhof der Zukunft.

Vergessen wird dabei, dass sich eine Strategie aus zwei Teilen zusammensetzt, nämlich aus einer tatsächlichen Vision (der Optimismus in *ça ira*) und einem Plan in Bezug darauf, wie man zu dieser Vision kommen möchte (die Bewegung in *ça ira*). Die entwickelte Strategie wird am Ende nicht umgesetzt, sondern bleibt natürlich nur eine Vision, der aber der Nimbus des Zukünftigen und Innovativen anhaftet.

In einem nächsten Schritt wird die Vision (»Am Anfang steht die Vision«) zur Chefsache erklärt und als »Leuchtturm-Projekt« eingestuft, mit dem man dem eigenen Erfindungsreichtum Strahlkraft verleihen kann: Der »Bahnhof 4.0« ist geboren. Damit ist auch entschieden, dass es eines vollkommen neuartigen Bahnhofs bedarf, der möglichst viele moderne Technologien (»Technologie ist die Lösung«) spendiert bekommen wird. Die Liste der vermeintlich notwendigen Technologien wurde bereits sehr früh angelegt, also lange, bevor jemand prüfen konnte, ob diese Technologien irgendein reales Problem adressieren oder gar lösen.

Doch schnell kommen die Probleme: Plötzlich meldet sich der Datenschutz, denn was hier geplant sei, dürfe so überhaupt nicht umgesetzt werden.

Eine zweite Kommission wird einberufen, um die Arbeit der ersten zu evaluieren. Die neue Kommission hat deutlich mehr ›Start-up-Nähe‹ (»Wir müssen von Start-ups lernen«) und attestiert, wie zu erwarten war, der ersten Kommission einen Mangel an Zukunftsfähigkeit, man müsse ganz neu denken (»Neu ist besser als gut«).

Der »Bahnhof 4.0« wird umbenannt und ist nun der »Future Mobility Hub«, der nicht nur dafür da ist, dass Züge dort halten können, sondern der den Kern eines ganzen Ökosystems der »smart City 2050« ausmachen soll (»Neues entsteht durch Vernetzung«).

Natürlich hat die neue Kommission beste Kontakte in die Automobilindustrie, die anmerkt, dass eine smarte City 2050 noch immer eine Stadt sei, in der man möglichst gut Auto fahren können muss, das eigentliche Problem sei die Parkplatzsituation.

Also werden in einem medienwirksam veranstalteten »Hackathon« Ideen für das Parksystem der Zukunft ausgearbeitet: Es soll »Ride-Sharing«, »eMobilty«, »Park and Ride«, sämtliche Parkhäuser und Mietwagensysteme sowie jeden eScooter, der in der Stadt herumliegt, in nur einer App zusammenfassen (»Beschleunigung durch Komplexitätsreduktion«).

Nach dem dreitägigen Hackathon fehlt nicht nur jede Idee dazu, wo eine Anschlussfinanzierung herkommen soll, sondern auch jede Orientierung darüber, wie das Projekt fortgeführt werden kann.

Was tun? Ein freiwilliges Open Source Projekt stellt eine Liste aller öffentlichen Parkhäuser der Stadt (»Transparenz führt zu Sichtbarkeit«) zusammen (während sich auf Twitter Nutzer darüber empören, warum der Staat so etwas nicht selber leisten kann).

Und damit tritt man jemandem auf die Zehen: In der städtischen Verwaltung behält man sich rechtliche Schritte vor, denn solch eine Liste sei nicht für die Öffentlichkeit bestimmt gewesen.

Inzwischen greift Panik um sich, dass andere Mitspieler einen aus dem Markt verdrängen könnten: Ist die gute alte Eisenbahn überhaupt noch das Verkehrsmittel der Zukunft? Droht nicht »Disruption«?

Zu diesem Zeitpunkt hat schon seit Jahren niemand mehr vom ›Sturm auf den Bahnhof‹ gesprochen. Doch steht man dank einer »neuen Fehlerkultur« vor einer gewaltigen »Learning Opportunity«, denn all die Fehlentscheidungen, die man über Jahre hinweg getroffen hat, bieten sich nun an, um von ihnen zu lernen. Doch was eigentlich?

Weite Teile der Bevölkerung sind inzwischen zu dem Schluss gekommen, dass es einfacher wäre, den alten Bahnhof weiter zu betreiben, denn der hat doch immer irgendwie funktioniert. Und Lenin behielt am Ende recht: Die Revolution blieb aus.

Die Gründe hierfür liegen auf der Hand: Da sind zum einen Gremien ohne Expertise, Prozesse, die an den Interessen und Bedürfnissen der Zielgruppen vorbeigehen und deren Steuerung oft an einen Schildbürgerstreich erinnert. Dazu gesellen sich die aufgezeigten Missverständnisse, die Prozesse oft massiv blockieren, in falsche Bahnen lenken und trügerische Hoffnungen schüren.

In der Konsequenz fehlt dann genau denjenigen, die diese Revolution eigentlich mittragen sollten, also uns Bürgerinnen und Bürgern, der Glaube daran, dass diese Revolution gelingen könnte. Aus unserem kämpferischen *ça ira* ist ein kollektives »Weiter so« geworden (»Que Sera, Sera«, oder auch: »et kütt wie et kütt«, wie der Rheinländer sagt), das zum einen einer Form der Besitzstandswahrung geschuldet ist: Mit jeder Veränderung werden angestammte Pfründe in Frage gestellt. Zum anderen verdankt sich das Scheitern auch einer fast schon stoischen Genügsamkeit in Bezug darauf, dass Digitalisierungsprozesse und Transformation so oft ins Leere laufen.

Leicht finden wir Ausreden. Seien es die Zwänge des Datenschutzes, der für alle Zeiten festgelegt hat, dass nur der Postweg sinnvoll und sicher ist, oder das föderale System, das dazu einlädt, Verantwortung so lange umzuleiten, bis niemand mehr übrigbleibt, der Verantwortung übernehmen wollte oder auch nur könnte (man denke an das Argument »Bildung ist ja Ländersache«, das während der Corona-Pandemie zu einem digitalen Flickenteppich in der Beschulung führte). Ernsthafter Protest: Fehlanzeige.

Die Mühen, die in Pseudo-Veränderungen investiert wurden, haben derweil gewaltige Ressourcen gebunden und auch vernichtet. Müdigkeit greift gepaart mit Resignation um sich. Am Ende ist das Digitale vielleicht ja auch wirklich nur ein Trend?

Was tun? Besserung kann wohl nur dann erreicht werden, wenn man sich wieder darauf besinnt, was die wirklich dringlichen Probleme sind und welche Strukturen digital transformiert werden müssen: Wir müssen uns darüber klarwerden, was keinen Aufschub mehr duldet und wo wir unsere Prioritäten setzen wollen.

Dabei ist es durchaus möglich, dass eine Konzentration auf das, was akuten Handlungsbedarf hat, deutlich weniger Strahlkraft entwickelt als prestigeträchtige »Leuchtturm-Projekte«. Solch bodenständige Arbeit lässt sich jedoch nicht mit Superlativen und Schlagwort-Imperativen anpreisen, und wahrscheinlich wird auch niemand einen Bus chartern, um sich einen realistisch angelegten und durchgeführten, gut ausgehandelten digitalen Vergabeprozess im Sauerland anzuschauen, der tatsächlich funktioniert. Eventuell lässt sich in einem System, dessen Prozesse sich durch Hypes und Missverständnisse in vielen Bereichen inzwischen so weit von den Kernfragen entfernt haben, dass sie selbst allzu oft zur Farce geworden sind, die digitale Transformation nur langsam und langweilig-traditionell lösen. Und wahrscheinlich kommt dabei manch transformationswütigem Beobachter das Interesse an Moonshots, Disruption und Co. abhanden.

Doch könnten wir uns dann vielleicht wieder auf das konzentrieren, um das es in einer Zeit, in der erfolgreicher Wandel hin zum Digitalen das K.-o.-Kriterium für Organisationen, Länder aber auch Einzelne geworden ist, eigentlich geht: nämlich darum, kluge und durchdachte Lösungen für unsere Probleme zu entwickeln, also Lösungen für reale Probleme, mit realen Personen, jenseits von Buzzwords. Für alles andere fehlt ohnehin das nötige Wissen und Verständnis – und zumeist auch die Ressourcen.

Auch das Revolutionslied »Ah! ça ira« von 1790 war Iterationen unterworfen. Über die Jahre wurde es immer wieder umgedichtet und verschiedene politische Gruppierungen eigneten es sich kurzerhand für ihre eigenen Belange an. Das liegt in der Natur einer Revolution. Es müssen ja nicht gleich Köpfe rollen.

Was wir jetzt brauchen, ist etwas weniger Skepsis, wenn es darum geht, was man tatsächlich erreichen kann. Skepsis sollte vielmehr der kritischen Reflexion und dem kundigen Nachfragen dienen. Und natürlich brauchen wir auch weiterhin Neugierde für den Blick über den Tellerrand. Dieser Blick sollte aber erfolgen mit dem Ziel, hinter die Dinge zu schauen – ›Staunen‹ (*thaumazein*) nannte Platon das – und Mechanismen zu verstehen, sie aber nicht blind zu übernehmen. Eine solche ›skeptische Neugier‹ in Fragen der Digitalisierung und digitalen Transformation könnte helfen, diese Revolution doch noch gelingen zu lassen.

Anmerkungen

1 Bundesarchiv BArch, B 136/51074.

2 »Unsere große Motivation, an der Bedeutung [des Weltraums] teilzuhaben, wird nicht davon bestimmt, welche Bemühungen andere verfolgen. Wir gehen deshalb in den Weltraum hinaus, weil die freien Menschen an allen Herausforderungen der Menschheit in ihrer Gänze teilhaben müssen.«

3 »Und schließlich ist es besser für uns, selbst dann, wenn die Sowjets zuerst dort oben ankommen sollten, was sie vielleicht tun werden, wovon viele ausgehen, als Zweite dorthin zu gelangen als gar nicht. In jedem Fall würden wir die Technologie [technischen Herausforderungen] gemeistert haben. Wenn wir diese Herausforderung nicht annehmen, dann könnte dies als Mangel an nationaler Entschlossenheit und der Fähigkeit, [überhaupt angemessen] zu reagieren, interpretiert werden.«

4 Stephen Hilgartner / Bruce Lewenstein, *The Speculative World of Emerging Technologies*, 12. Mai 2014: https://ecommons.cornell.edu/handle/1813/36320.

5 Jackie Fenn, *The Microsoft System Software Hype Cycle Strikes Again*, Juli 1995.

6 Meredith Broussard, *Artificial Unintelligence: How Computers Misunderstand the World*, Cambridge 2018.

7 Christopher Gray, »The Fetish of Change«, in: *Tamara: Journal for Critical Organization Inquiry* 2 (2013) Nr. 2.

8 Reinhart Koselleck, »›Erfahrungsraum‹ und ›Erwartungshorizont‹: Zwei historische Kategorien«, in: R. K., *Vergangene Zukunft: Zur Semantik geschichtlicher Zeiten*, Frankfurt a. M. 1988, S. 349–375.

9 *Spiegel* (1964) Nr. 14: *Automation in Deutschland*, mit der Titelgeschichte »Automation: Einzug der Roboter«, S. 30–48; *Spiegel* (1978) Nr. 16: *Die Computer-Revolution. Fortschritt macht arbeitslos*, mit der Titelgeschichte »Elektronik zerstört Arbeitsplätze«, S. 80–100.

10 Jake Knapp, mit John Zeratsky und Braden Kowitz, *Sprint: How to Solve Big Problems and Test New Ideas in Just Five Days*, New York 2016.

11 Reinhart Koselleck, »›Erfahrungsraum‹ und ›Erwartungshorizont‹ – zwei historische Kategorien«, in: R. K., *Vergangene Zukunft*, Frankfurt a. M. 1979, S. 349–375, hier S. 359.

12 Vgl. hierzu Pierre Azoulay [u. a.], »Age and High-Growth Entrepreneurship«, 12. April 2018, NBER Working Paper Nr. w24489: https://papers.ssrn.com/sol3/papers.cfm?abstract_id=3158929.

13 Vgl. Johanna Sprondel, »Toward a Humanities of the Digital? Reading Search Engines as a Concordance«, in: Rens Bod / Jaap Maat / Thijs Weststeijn (Hrsg.), *The Making of Humanities*, Bd. III: *The Modern Humanities*, Amsterdam 2014, S. 479–494.

14 Christoph M. Flath / Sascha Friesike / Marco Wirth / Frédéric Thiesse, »Copy, Transform, Combine: Exploring the Remix as a Form of Innovation», in: *Journal of Information Technology* 32 (2017) Nr. 4, S. 306–325.

15 Ethan. S. Bernstein / Stephen Turban, »The Impact of the ›Open‹ Workspace on Human Collaboration«, in: *Philosophical Transactions of the Royal Society B: Biological Sciences*, 373 (2018) Nr. 20170239: https://royalsocietypublishing.org/doi/pdf/10.1098/rstb.2017.0239.

16 David Vallance, »Forget Brainstorming. Burstiness is the Key to Creativity«, 22. Juli 2020: https://blog.dropbox.com/topics/work-culture/forget-brainstorming--burstiness-is-the-key-to-creativity--

17 Vgl. Urs Stäheli, *Soziologie der Entnetzung*, Frankfurt a. M. 2021.

18 Heimstädt, Maximilian, »Openwashing: A Decoupling Perspective on Organizational Transparency«, in: *Technological Forecasting and Social Change* 125 (2017) S. 77–86.

19 Vgl. Jonathan A. Obar / Anne Oeldorf-Hirsch, »The Biggest Lie on the Internet: Ignoring the Privacy Policies and Terms of Service Policies of Social Networking Services«, in: *Information, Communication & Society* 23 (2020) Nr. 1, S. 128–147.

20 Cynthia Stohl / Michael Stohl / Paul M. Leonardi, »Digital Age | Managing Opacity: Information Visibility and the Paradox of Transparency in the Digital Age«, in: *International Journal of Communication* 10 (2016) S. 15.

21 Joseph A. Schumpeter, *Capitalism, Socialism and Democracy*, New York / London 1942.

22 Jill Lepore, »The Disruption Machine«, in: *The New Yorker* 23 (2014) S. 30–36.

23 Jeremy Rifkin, *The Age of Access. The New Culture of Hypercapitalism. Where All of Life Is a Paid-for Experience*, New York 2001.

24 Vgl. dazu Mark de Rond, »The Structure of Serendipity«, in: *Culture and Organization* 20 (2014) Nr. 5, S. 342–358. Die Begriffsschöpfung geht auf Horace Walpole zurück, der 1754 in einem Brief an Horace Mann schrieb: »This discovery, indeed, is almost of that kind which I call Serendipity, a very expressive word, which, as I have nothing better to tell you, I shall endeavor to explain to you … I once read a silly fairy tale, called ›The Three Princes of Serendip‹: as their Highnesses travelled, they were always making discoveries, by accidents and sagacity, of things which they were not in quest of … now do you understand Serendipity?« Vgl. den Brief vom 28. Januar 1754, in: *The Yale Editions of Horace Walpole's Correspondence*, Bd. 20: With Sir Horace Mann, IV., S. 407–411.

25 Vgl. Paul J. DiMaggio / Walter W. Powell, »The Iron Cage Revisited: Institutional Isomorphism and Collective Rationality in Organizational Fields«, in: *American Sociological Review* 48 (1983) Nr. 2, S. 147–160.

26 Vgl. hier das Kapitel »Wir müssen von Start-ups lernen«.

27 »Ah! ça ira«: Kampflied aus der Zeit der Französischen Revolution, die erste Fassung stammt vermutlich von dem Straßensänger Ladré (1790). »Ah, es wird schon werden, / Das Volk wiederholt es heute immer wieder, / Ah, es wird schon werden, / Trotz der Aufrührer wird alles gelingen.«

28 »It is, in fact, a peculiar German species of discipline, which is best explained by a joke of Lenin's: when German revolutionaries have to capture a railway station, they first buy platform tickets at the booking-office.« In: *The Spectator* 161 (1938) S. 399.

Autorin und Autor

SASCHA FRIESIKE, geb. 1983, ist Professor für Design digitaler Innovationen an der Universität der Künste Berlin und Direktor des Weizenbaum-Instituts für die vernetzte Gesellschaft. An der Universität der Künste leitet er den Studiengang Leadership in Digitaler Innovation. Friesike ist Wirtschaftsingenieur und hat an der Universität St. Gallen promoviert. In seiner Forschung beschäftigt er sich damit, welche Rolle das Digitale spielt, wenn etwas Neues entsteht.

JOHANNA SPRONDEL, geb. 1980, ist Professorin für Medien, Kommunikation und Marketing in Stuttgart. Sie wurde an der Universität Freiburg in Philosophie promoviert und arbeitete anschließend zu Praktiken und Theorien der Digitalisierung an der Stanford University. Seit 2010 forscht Sprondel zu der Frage, wie sich das Leben von Menschen und unsere Gesellschaft im Zuge der Digitalisierung verändern. Sie berät international Unternehmen in Transformationsprozessen.